Viviendo *una vida de chocolate*

Estudio bíblico para mujeres

Viviendo *una vida de chocolate*

Saboreando la dulce gracia de Dios

Deb Burma

EDITORIAL CONCORDIA • SAINT LOUIS

***A Cory:** Es una gran bendición para mí el compartir contigo esta vida rica en chocolate, llena de la dulce gracia de Dios. Gracias por tu apoyo, aliento y amor. Nuestro Salvador, Jesucristo, es glorificado mediante tu vida de fe y tu servicio a él. ¡Gloria a Dios!*

3558 S. Jefferson Avenue, St. Louis, MO 63118-3968
1-877-450-8694 • editorial.cph.org

Título original en inglés: *Living a Chocolate Life.*

Versión castellana: Sandra Corzo

Impreso en los Estados Unidos de América

1 2 3 4 5 6 7 8 9 10 26 25 24 23 22 21 20 19 18 17

Contenido

Introducción	7
Sesión 1: SABOREAR	11
Sesión 2: COMPARTIR	25
Sesión 3: SATISFACCIÓN	39
Sesión 4: PROMESAS	51
Sesión 5: DESDE CERO	63
Sesión 6: AGRIDULCE	75
Sesión 7: DONES	87
Sesión 8: DULCE RENDICIÓN	99
Redondeando	111
Respuestas a las preguntas de *¡Mastica!*	113

INTRODUCCIÓN

Dulce. Rico. Satisfactorio. Chocolate: ¿te imaginas la vida sin él? Yo tampoco. Y no somos las únicas. Hace poco compré un paquete de regalo con pastillas para bebida de chocolate caliente que tenía grandes y llamativas palabras en la etiqueta, que decían: "¡TE QUIERO MÁS QUE AL CHOCOLATE!" La cajera estudió el paquete, me miró y suspiró: "No se le puede regalar esto a muchas personas, ¿verdad?" ¿Qué quiso decir? ¡Hay pocas cosas que amemos más que el chocolate! Si no podemos imaginarnos la vida sin él, ¿significa eso que vivimos "una vida de chocolate"? (suena delicioso, ¡¿no?!). Pero ¿qué significa eso *en realidad*? Para empezar, vivir una *vida de chocolate* tiene que ver con mucho más que con nuestros dulces favoritos: ¡tiene que ver con un amor que también es incomparablemente mayor!

Vivir *una vida de chocolate* significa probar de todo, desde amargas pepitas de dolor hasta dulces bocados de felicidad. Algunos días son oscuros y grumosos, otros son ligeros y esponjosos. ¡Sin importar cuál sea la forma, el sabor y la textura de nuestros días, y cómo esté empacada nuestra vida, podemos saborear la rica y *eterna* provisión de la gracia de Dios en Cristo! Envolviéndonos en perdón, el Espíritu Santo nos llena de dulce fe en nuestro Salvador.

Te invito a que elijas tu manjar favorito de chocolate, les pidas a otras personas que se unan a ti para compartir algo dulce, rico, y satisfactorio, y luego hundan sus dientes en este estudio bíblico para mujeres, lleno de chocolate. Exploraremos de varias formas lo que significa vivir *una vida de chocolate*. Durante cada deliciosa sesión, miraremos nuestras vidas a la luz de la gracia de Dios.

Antes de comenzar, debes saber que cada suntuosa sesión contiene varios ingredientes especiales:

UNA MUESTRA DE CHOCOLATE

Para iniciar cada sesión, marca las casillas de las divertidas afirmaciones relacionadas con el chocolate que se apliquen a tu vida y situación (muchas afirmaciones se relacionan con el tema de la sesión, ofreciendo una muestra de lo que sigue). Esto puede ayudar a romper el hielo en un grupo de estudio bíblico y les permite a las participantes tener confianza para expresarse mediante actividades sencillas, que fomentarán la amistad, motivarán la comunicación y abrirán las puertas para compartir de maneras más significativas e importantes durante todo el estudio y también después. A partir de la segunda sesión, *Una muestra de chocolate* también brindará la oportunidad de compartir un bocado de la anterior.

BOCADO PARA LA MEMORIA

Cada sesión también comienza con un versículo relacionado con el tema, un *bocado* de la Escritura, para memorizar. Te animo a que escribas el versículo semanal en una tarjeta y la ubiques en un lugar importante, para que puedas verlo y repetirlo con regularidad. Como incentivo especial para la memoria, intenta colocar la tarjeta con el versículo en un tazón con por lo menos siete besos de chocolate (uno o más por día). Cada vez que digas el versículo, ¡atrapa un beso! Comienza cada sesión de estudio grupal con un *Bocado para la memoria* insertado en la *Muestra de chocolate* de esa sesión, como recordatorio. Anímense unas a otras a aprender cada Bocado para la Memoria, usando ese momento para recitar el versículo de la sesión anterior.

PRUEBA UN POCO

Hay breves preguntas dispersas por todo el estudio, las cuales te piden que "pruebes un poco": que hagas una pausa para reflexionar sobre una pregunta personal. Bien sea que estés haciendo el estudio *Viviendo una vida de chocolate* sola o con un grupo, te beneficiarás si haces primero una lectura de la sesión por tu cuenta, y luego haces una pausa para *probar un poco y* masticar lentamente esas breves preguntas para reflexión personal. Cuando te reúnas con el grupo, regresa a las preguntas para compartirlas con mayor profundidad en la discusión grupal.

¡MASTICA!

Estas preguntas numeradas realmente te darán algo para masticar. Masticarás más profundamente el estudio leyendo la Escritura, respondiendo a las preguntas y aplicándolas a tu vida de chocolate. Dispón de un rato para un debate rico y reflexivo. Las respuestas se encuentran en Respuestas a las preguntas de ¡Mastica! al final del libro. Nota: Cada sesión contiene siete preguntas. Puedes completar una sesión de principio a fin, o saborearla más lentamente, masticando una pregunta a diario para un plan de estudio bíblico semanal y realizando luego un debate grupal de toda la sesión.

DATO CURIOSO SOBRE EL CHOCOLATE

En cada sesión encontrarás un dato curioso, una anécdota o un dato de cultura general sobre el chocolate, que se comparte en la medida que tiene relación con el tema de la sesión. ¡Muchas veces ayuda como ilustración!

ORACIÓN: DULCE SÚPLICA

Al final de cada sesión hay una oración, *una dulce súplica* al Señor, para que concluyas cada estudio de la *vida de chocolate* llena de gracia. Te animo para que también abras cada estudio con una oración, bien sea que leas sola, te prepares para un estudio grupal o te reúnas con tu grupo. Pídele al Señor que te guíe y te haga crecer mediante la Palabra, por el poder del Espíritu Santo.

RECETA DE CHOCOLATE

En cada sesión se incluye una rica receta de chocolate, que está íntimamente relacionada con el tema. Cuando prepares, hornees, saborees y sirvas cada delicioso postre, deja que te sirva como recordatorio de que vives una *vida de chocolate* por la gracia de Dios. ¡Comparte un bocado relacionado con la palabra de Dios con quienes disfrutan a tu lado!

CHOCOACTIVIDAD (ACTIVIDAD GRUPAL RELACIONADA CON EL CHOCOLATE)

Cada *chocoactividad* está ligada al tema de la sesión y sirve como recordatorio tangible del mismo ¡y de nuestra vida en Cristo, que es rica en chocolate! Estas creativas *chocoactividades* son una ocasión para continuar el diálogo sobre cada poderoso tema de tu estudio bíblico, al tiempo que son el espacio para un divertido compañerismo y una razón práctica para reunir más mujeres. Varias *chocoactividades* dan como resultado regalos, objetos tangibles, para compartir la palabra de Dios y su gracia desbordante con otras personas. Puedes realizar tu *chocoactividad* inmediatamente después del estudio bíblico, o intercalarla en el mismo, o en otro momento y lugar, ¡especialmente si invitas a otras personas!

¿Estás lista para un obsequio? Le pido a Dios en oración que, cuando saborees el primer bocado de esta variedad de temas de chocolate, "**crezcas en la gracia y el conocimiento de nuestro Señor y Salvador Jesucristo**", viviendo una vida rica en chocolate en Cristo, **"a quien sea dada la gloria ahora y hasta el día de la eternidad. Amén" (2 Pedro 3:18).**

— Deb Burma, autora

SESIÓN 1 SABOREAR

UNA MUESTRA DE CHOCOLATE

Marca todas las casillas que se apliquen a tu vida y luego haz un debate grupal:

- ☑ *Has saboreado un raro y costoso chocolate europeo.*
- ☑ *Has sobrevivido a una catástrofe al preparar un postre de chocolate.*
- ☑ *Con frecuencia mantienes cerca algunos chocolates para saborearlos durante el estudio bíblico o el tiempo del devocional.*
- ☑ *Prefieres el chocolate con leche. O el oscuro. O el blanco (encierra en un círculo uno, o más).*
- ☑ *¡Tú vives una vida de chocolate cuando saboreas la dulce gracia de Dios en Cristo! (¿Intrigada? ¡Sigue leyendo!)*

BOCADO PARA LA MEMORIA

"En él tenemos la redención por medio de su sangre, el perdón de los pecados según las riquezas de su gracia, la cual desbordó sobre nosotros." Efesios 1:7–8

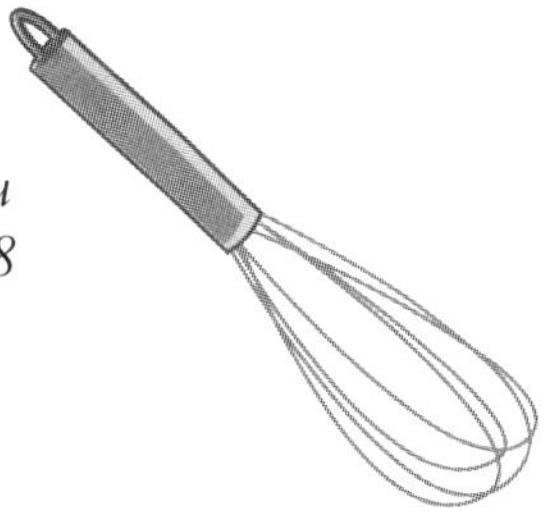

saboreando la Gracia

Imagínate que estás a punto de recibir el chocolate más increíble y exquisito. No es una variedad promedio de las que venden en las dulcerías de los almacenes de comestibles; ni siquiera una de las que se compran en las tiendas especializadas. Es un chocolate extremadamente escaso y delicado, fabricado con granos del cacao más fino que solo se encuentra en la región más remota

DATO CURIOSO SOBRE EL CHOCOLATE

La manteca de cacao, que es la grasa que se encuentra naturalmente en el grano de cacao, se funde a una temperatura que está justo por debajo de la corporal. Precisamente por eso, el chocolate fino se deshace en tu boca con tanta facilidad (¡con razón que desaparece tan rápido!)

de África, y solo se envía a una tienda exclusiva, donde cada manjar es hecho a mano. Ese chocolate exclusivo tiene un alto precio. Y alguien que te ama ha hecho un gran esfuerzo para hallar este manjar y comprárselo al mejor chocolatero del mundo.

Ahora tu ser querido está listo para entregarte ese precioso regalo. Extiendes tus manos ahuecadas para recibir el extravagante regalo. Al mirar hacia abajo, ¡te quedas boquiabierta! Tienes en tus manos un raro manjar, envuelto en papel aluminio, que espera ser abierto con suavidad. *Adelante: desenvuélvelo.* ¿Qué haces después? ¿Te pones el bombón en la boca, lo masticas rápidamente y lo tragas lo más rápido posible para deshacerte de él? ¡Oh, *no*! Para un momento inolvidable como éste, lleva el manjar con lentitud hacia la boca. Observa su hermoso color. Percibe su delicioso aroma. Colócate esa perfección de chocolate puro en la lengua y deja que tus papilas gustativas bailen con alegría para *saborear* el exquisito bocado. Conserva su delicada riqueza en la lengua durante el mayor tiempo posible, percibiendo el sabor indescriptible y la textura suave y cremosa. Y luego observa cómo el suntuoso manjar se derrite poco a poco, se desliza por tu garganta y desaparece.

⇨ CHOCOACTIVIDAD

¡Degustación de chocolate!

(Dirígete al final de esta sesión para leer en detalle sobre esto. Contempla incluir esta actividad especial en este punto del estudio).

Se acabó. Un recuerdo. Fugaz, ¿no? Así pasa con el chocolate. Y así pasa con las cosas más preciosas que saboreamos. Las conservamos mientras podemos.

Disfrutamos de los placeres y las amistades de nuestros años escolares solo para separarnos después de la graduación. Nos deleitamos en la juventud de nuestros hijos, pero, antes de saberlo, el nido está vacío. Atesoramos los momentos compartidos con un ser querido que vive lejos, pero, muy pronto, decimos adiós otra vez. Disfrutamos de las escapadas y los fines de semana de descanso, cuando tenemos un respiro de las presiones habituales de la vida, pero, en un abrir y cerrar de ojos, llega otra vez la mañana del lunes. Saboreamos las mejores cosas de la vida mientras sea posible, pues desaparecen con demasiada rapidez. Se acabaron. Un recuerdo. Fugaces, ¿no?

Como mujeres que *viven una vida de chocolate,* saboreamos algo mucho mejor que todas las otras cosas de la vida: ¡saboreamos el don de la *dulce gracia de Dios*! Su dulce gracia salvadora es lo único que podemos saborear que no se derrite, ni crece ni nos deja. Esta gracia no cambiará, ni se desvanecerá con el tiempo, ni desaparecerá. La palabra de Dios nos asegura que la gracia es nuestra por mucho más que un momento fugaz; no se convierte en un recuerdo, sino dura toda la vida.

¿Y entonces, exactamente qué es la gracia? Por definición, *gracia* es un "favor inmerecido". En nuestro pecado, ciertamente no merecemos el favor de Dios, ¿verdad? Y no hay nada que podamos hacer para ganárnosla ni merecérnosla. ¡Pero Dios siempre nos favorece! ¡Él está loco por nosotras! ¿Y qué recibimos como resultado?

Mira esto: **"En él tenemos la redención por medio de su sangre, el perdón de los pecados según las riquezas de su gracia, la cual desbordó sobre nosotros en toda sabiduría y entendimiento" (Efesios 1:7–8)**.

#1 ¡mastica!

Efesios 1:7–8, que aparece más arriba (el *Bocado para la memoria* de esta sesión) está lleno de cosas buenas. Proclama claramente lo que recibimos por la gracia de Dios y cómo él logró eso por nosotras. Explica en tus propias palabras:

a. ¿Qué significa la palabra "redención"? ¿Cómo ayuda esa poderosa palabra a definir el perdón de los pecados que recibimos por medio de Cristo?

b. ¿Qué significa "desbordar" algo sobre alguien? (piensa en un ejemplo achocolatado). ¿Qué se desborda en el versículo? ¿Qué dice esto acerca de la medida de la misericordia amorosa de nuestro Salvador para con nosotras?

En párrafos anteriores hablamos de las mejores cosas de la vida, las cosas que saboreamos. Con creces, la gracia es la mejor cosa de la vida. **"La gracia de Dios los ha salvado por medio de la fe. Ésta no nació de ustedes, sino que es un don de Dios" (Efesios 2:8)**. La gracia es el mejor regalo que recibimos en la vida: ¡es incluso más fina, y más rica y más extravagante que el chocolate más exquisito!

#2 ¡mastica!

Abre tu Biblia en **Efesios 2:4–9** y lee el contexto de las palabras llenas de gracia del **versículo 8**, que nos hablan del regalo gratuito de Dios de la salvación, que es nuestra por gracia mediante la fe. Escribe las palabras que hablan del comportamiento de Dios hacia nosotras y sus acciones en nuestro nombre:

Cada momento fugaz y todas las demás cosas que valoramos en la vida también son regalos que Dios nos da para que disfrutemos. Fortalecidas por el Espíritu Santo, podemos saborear nuestras muchas bendiciones, dando gracias

PRUEBA UN POCO

¿Alguna vez has sentido que tus pecados son mayores que la gracia de Dios, que el desastre que has hecho ha superado el alcance de su misericordia? Tal vez sigas cayendo en la misma trampa pecaminosa y hayas comenzado a preguntarte cómo es posible que te perdonen. ¡Reflexiona sobre eso, pero no te detengas ahí! Sigue leyendo...

al Señor por ellas mientras saboreamos continuamente su gracia rica y fastuosa, su misericordia infinita y la salvación que nos prometió en Cristo.

Aunque es difícil captar la magnitud de la gracia de Dios, la grandeza de su amor, la riqueza de su misericordia y la generosidad con que desborda su gracia sobre nosotras, ¡él nos da su Palabra! Esas cosas son nuestras, aunque no hayamos hecho nada —y no podemos hacer nada— para merecerlas. Tal vez hayas escuchado solo la ley. La vergüenza de tus pecados resuena con fuerza en tus oídos, te condena y te recuerda que no mereces el perdón. Quizás otras personas hayan tratado de ponerte condiciones para que obtengas la gracia de Dios, lo que hace que te preguntes si tus pecados están más allá del alcance de su misericordia. Como resultado, tal vez pienses de manera errónea: *Sí... pero tú no sabes lo que he hecho. Sigo cayendo en las mismas trampas pecaminosas. No podrías creer lo mal que he actuado.*

Gracia cubierta de chocolate

Déjame contarte la historia de un desastre. En una ocasión que esperaba invitados, planeé crear un postre especial de calidad inigualable: una torta extravagante de chocolate en tres capas (la receta está al final de esta sesión). La mezcla hecha desde cero creció maravillosamente en los moldes redondos, mientras se horneaba, y llenó la casa con un aroma achocolatado.

Mis hermosos pasteles salieron frescos del horno. Entusiasmada por terminar mi postre de suntuosas capas, comencé a cubrir y apilar las tortas redondas tan pronto se enfriaron. Pero esta pastelera novata no se dio cuenta de que, antes de apilarlas, era necesario rebajar los montículos que se habían formado en el centro de cada capa (¿era posible que tampoco hubiera leído las instrucciones de la receta?).

¡Ya casi había terminado mi obra, cuando las dos capas superiores, que había equilibrado cuidadosamente sobre el montículo que tenían debajo, se partieron por la mitad! Un montón de trozos y migajas de la torta ya cubierta se salieron del plato y quedaron sobre la mesa. ¡Qué desastre!

Estaba desconsolada, pero no tenía tiempo para empezar de nuevo. No quería perder la torta, así que desmonté cada capa pegajosa y rebajé las tapas redondeadas (estaban deliciosas, por cierto). Volví a unir los pedazos con generosas cantidades adicionales de cubierta, que esparcí en abundancia, capa sobre capa. De alguna manera, todos los defectos de mi desastrosa y despedazada torta desaparecieron bajo la cubierta llena de gracia de ostentoso y acaramelado glaseado de chocolate.

La rica y extravagante gracia de Dios cubre todos nuestros desastres y defectos, nuestras equivocaciones y fallas, igual que esa gruesa cubierta que tan bellamente ocultó y sanó mi desastroso fiasco de pastel.

Cuando fallamos, cuando cometemos errores, cuando nos desmoronamos bajo el peso de nuestro pecado, nuestro Padre celestial desborda su abundante e indulgente gracia sobre nosotras. Él cubre nuestros pecados y nos perdona a través de la expiación de Cristo en la cruz.

Una torta fallida es una cosa menor, pero una relación o situación fallida puede ser muy importante. Tal vez creas que tus fallas, tus errores y tus desastres son irremediables, que no pueden ser cubiertos ni reparados. ¿Te preguntas cómo puede Dios perdonarte el gran desastre que causaste? Recuerda esto: no hay pecado ni desastre que nuestro Señor no pueda limpiar, por grande que sea. **Romanos 5:8** dice: **"Pero Dios muestra su amor por nosotros en que, cuando aún éramos pecadores, Cristo murió por nosotros"**. ¿Captaste eso? *"cuando aún éramos pecadores"*. Recuerda las palabras similares que leímos en **Efesios 2**: ¡que él nos dio vida junto con Cristo, aun cuando estábamos muertas en nuestros pecados! Él nos eligió a ti y a mí, y nos salvó *en medio* de nuestro pecado. Él no espera a que nosotras intentemos organizar nuestra vida por nosotras mismas (¡como si pudiéramos!). Él viene a nosotras en medio de nuestro desastre.

En medio de un desastre

¿Quieres saber sobre una persona que hizo un desastre tras otro? Se trata del hombre que conocemos como el apóstol Pablo, el escritor que el Espíritu Santo inspiró para que redactara muchas de las epístolas a las primeras iglesias (las epístolas paulinas del Nuevo Testamento). El hombre escogido por Dios para llevar las buenas noticias de Cristo a los gentiles, así como a los judíos. Este hombre, antes conocido como Saulo, había sido un fervoroso judío, un fariseo (líder religioso) investido con gran autoridad. Saulo estaba convencido de que tenía su vida organizada, pero estaba lamentablemente equivocado. Era tan celoso de la ley judía y estaba tan empeñado en perseguir a los seguidores del camino (el cristianismo), que usó su autoridad para perseguir, encarcelar, y supervisar la lapidación de los primeros cristianos. Años más tarde, mirando hacia atrás, Pablo dijo, con respecto a su forma de vida anterior: **"Pues perseguí a muerte a los de este Camino. Yo aprehendía y llevaba a las cárceles a hombres y mujeres" (Hechos 22:4)**.

#3 *¡mastica!*

Lee **Hechos 26:9–11** para saber más sobre cuando Pablo recordaba y lamentaba su antigua forma de vida. Después, pasa a **Hechos 7:58–8:1** para ver a Saulo en medio de su desastre, haciendo lo mismo que describe más adelante. Observa la conexión entre los dos pasajes en relación con las acciones específicas de Saulo. ¿Cómo podemos saber que él era un hombre con gran autoridad y por qué eso es tan importante?

Entonces, justo ahí, en medio del desastre de Saulo, Cristo llegó a él. ¡El Señor lo sacó de la oscuridad y lo llevó a la luz de su gracia! Nuestro Salvador escogió a Saulo, hablando con él cuando viajaba de Jerusalén a Damasco para también perseguir a los cristianos de allá.

#4 *¡mastica!*

Lee el registro de ese increíble relato en **Hechos 9:1–19**. Discutan sobre los detalles significativos, especialmente en relación con la fastuosa gracia que Dios desbordó sobre Saulo y su obra mediante un discípulo llamado Ananías.

Años más tarde, Pablo compartió la historia de su conversión, la forma como el Señor llegó a él en medio de su pecado (su desastre), derramó su gracia maravillosa sobre él y lo escogió para un propósito especial. (Dale un vistazo a **Hechos 22:4–16**; **26:12–18** y **Gálatas 1:13–17**).

#5 ¡mastica!

Pablo habló de manera clara y repetida de la gracia de Dios que obraba en él. Lee **1 Corintios 15:9–10**. ¿Cómo se puede saber que ahora Pablo, un apóstol escogido por Dios para difundir las buenas noticias, reconoce el desastre de su vida anterior? ¿Qué dice aquí Pablo sobre la gracia de Dios? ¿Cómo puedes relacionarlo con la gracia de Dios en tu vida?

Retomando la gracia cubierta de chocolate

Cuando recuerdo la catástrofe de mi torta de chocolate, me doy cuenta de que, aunque pude cubrir y "reparar" mi desastre de chocolate, ninguna de nosotras puede reparar nuestro pecado ni nuestro estado de desolación. La desolación toma muchas formas: *deseos egoístas y orgullo pecaminoso*, palabras hirientes y *falta de perdón, espíritu crítico e incapacitante inseguridad, pensamientos lujuriosos, e incapacidad de llegar a otros* con el amor de Dios (y esto es solo una muestra).

PRUEBA UN POCO
¿Qué saboreas más de entre las cosas preciosas de la vida? ¿Cuán fugaces son?

#6 ¡mastica!

a. "He hecho un desastre." Todas hemos causado desastres, uno tras otro. Muchísimo peor que un pastel de chocolate despedazado, nuestra desolación toma muchas formas. Mira otra vez la lista anterior. ¿De qué otras maneras podemos estar desoladas?

Incluso después de que el apóstol Pablo se convirtiera en un humilde siervo del Señor Jesús, él admitió su lucha continua contra el pecado. Nos compadecemos de Pablo, quien se lamenta en **Romanos 7:19: "Porque no hago el bien que quiero, sino el mal que no quiero."**

Solo con la guía del Espíritu Santo podemos, con el corazón arrepentido, reconocer y confesar nuestros pecados ante el Señor y ponerlos a los pies de la cruz. Por medio de las gloriosas riquezas de Cristo, Dios sana nuestra desolación. Él cubre con su perfección todos esos desastres y muchos otros. ¡Jesús nos hace nuevas y nos libera de los desastres! La sangre de Cristo, que fue derramada por nosotras, cubre esos pecados. ¡Nuestro Padre celestial declara que nuestros pecados son perdonados!

b. ¿Qué desolaciones tienes en tu vida hoy? Confiesa las zonas de desolación en las que te encuentras. Si te sientes cómoda, anota debajo algunas de ellas y compártelas en grupo. Si estás haciendo este estudio sola, contempla compartir con un pastor, una amiga de confianza o un ser querido. Cuando confiesas tus desolaciones en voz alta o por escrito, imagínate a ti misma poniendo cada pecado a los pies de la cruz de Cristo, sabiendo que Dios desborda su rica gracia y su perdón sobre ti en tu Salvador, Jesús, quien sana tu desolación.

El lamento de Pablo por su lucha contra el pecado continúa en Romanos 7. Pero observa su cambio repentino: **"¡Miserable de mí! ¿quién me librará de este cuerpo de muerte? Doy gracias a Dios, por medio de nuestro Señor Jesucristo" (Romanos 7:24–25a).** ¡Sin siquiera hacer una pausa, Pablo responde su propia pregunta con la verdad de la que está convencido!: *"¿Quién me librará…? Nuestro Señor Jesucristo."*

¡Sanadas!

Más que una gruesa capa de cubierta, que esconde efectivamente el desastre que causamos, su sangre nos llena donde una vez estuvimos desoladas: somos sanadas. El profeta Isaías predijo: **"Pero él será herido por nuestros pecados; ¡molido por nuestras rebeliones! Sobre él vendrá el castigo de nuestra paz, y por su llaga seremos sanados" (Isaías 53:5).**

#7 ¡mastica!

a. Lee las palabras del apóstol Pedro, inspiradas por el Espíritu, en **1 Pedro 2:24** cuando proclama el cumplimiento de la profecía de Isaías (arriba). Escribe el versículo aquí.

b. ¿Qué quiere decir Pedro con: "muertos ya al pecado, vivamos para la justicia"?

Recordando la catástrofe de mi torta de chocolate, si hubiera tenido tiempo para empezar de nuevo, podría haber arrojado la torta dañada a la basura. En nuestro mundo, muchas veces desechamos las cosas que se han echado a perder ¿no es cierto? La palabra de Dios nos revela que él piensa y se comporta de manera diferente. Él cree que vale la pena rescatarnos, repararnos, y sanarnos en Cristo. Debido a eso, puedes poner todas las desolaciones a los pies de la cruz, sabiendo que Dios desborda su rica gracia sobre ti en Cristo para sanar tu desolación. Eso es la gracia, la gracia que *saboreamos*.

¡Al vivir una vida de chocolate, saboreamos la dulce gracia de Dios!

ORACIÓN

Dulce súplica

Amado Señor, ¡te alabo por la provisión infinita de misericordia y gracia que has desbordado sobre mí, perdonando mis pecados en Cristo y sanando mi desolación! Fortaléceme con tu Espíritu. Guíame para que saboree esa gracia que no tiene fin. En tu nombre. Amén.

Torta extravagante de chocolate en tres capas

3 tazas de harina

1 y ½ cucharadita de bicarbonato

¾ cucharadita de polvo de hornear

1 taza + 2 cucharadas de leche cortada

1 y ½ cucharadita de extracto de vanilla

6 onzas de chocolate sin azúcar derretido

3 tazas de azúcar

1 y ½ cucharadita de sal

1 taza + 2 cucharadas de agua

¾ taza de mantequilla ablandada

3 huevos

Precalienta el horno a 350 grados. Engrasa y enharina 3 moldes redondos para torta de 8 o 9 pulgadas (23 cm aprox.). Cierne los ingredientes secos. Mezcla los ingredientes cernidos con todos los ingredientes restantes en un tazón grande. Mezcla 30 segundos en velocidad baja, luego 3 minutos en alta (la mezcla quedará cremosa). Vierte la mezcla en los moldes que preparaste. Hornea de 25 a 30 minutos. Deja enfriar por 10 minutos; luego retira las capas de los moldes y enfría completamente en rejillas de alambre antes de rellenar y cubrir con la *Cubierta suntuosa de chocolate.*

Cubierta suntuosa de chocolate

1 paquete (8 onzas) de queso crema ablandado

¼ taza de mantequilla ablandada

2 onzas de chocolate sin azúcar derretido

Leche

16 onzas (½ bolsa) de azúcar pulverizada (o más)

Mezcla bien la mantequilla con el queso crema. Añade el chocolate y mezcla bien. Agrega el azúcar pulverizado y bate hasta que la mezcla esté ligera y cremosa. Añade alternadamente más azúcar pulverizada y unas gotas de leche hasta llegar a la consistencia y cantidad deseada. Cubre las capas de la torta cuando ya estén totalmente frías, **¡y rebaja los montículos que se han formado en cada capa antes de cubrir y apilar!**

CHOCOACTIVIDAD

¡Degustación de chocolate!

Saborea un surtido de variedades de chocolate para iniciar tu estudio bíblico (¡qué gran manera de continuar una discusión centrada en saborear la gracia de Dios!) Compra barras de chocolate fino: blanco (por lo menos 20% de manteca de cacao), de leche (30 a 40% de cacao), semidulce (35 a 45% de cacao), semiamargo/oscuro (50 a 70% cacao), extra oscuro (70 a 99%), etcétera. Puedes incluir variedades especiales que contengan sabores agregados, frutas o nueces. Parte cada barra en pedazos pequeños y distribúyelos, una variedad a la vez. Comienza por pasar los sabores y colores más suaves y ligeros, y luego pasa a variedades cada vez más oscuras e intensas. Haz una pausa después de cada muestra para compartir los comentarios, antes de pasar a la siguiente.

¿Recuerdas cómo te imaginabas saboreando un chocolate exquisito y raro? Ahora, toma cada bocado real y saboréalo. Por diversión, sigue las mismas instrucciones para saborearlo que te dimos cuando te lo estabas imaginando. Describe los sabores y las texturas que percibas. ¿Puedes distinguir los sabores agregados? ¿Son especialmente dulces y ligeros o amargos e intensos? ¿La textura es suave o áspera? (la textura y el sabor se unen en la experiencia de saborear el chocolate). Después de varios segundos, notarás cómo el manjar que saboreas se derrite, se desliza por tu garganta y desaparece.

SESIÓN 2

COMPARTIR

UNA MUESTRA DE CHOCOLATE

Marca todas las casillas que se apliquen a tu vida y luego haz un debate grupal:

- ☑ *¡Vives una vida de chocolate cuando saboreas la dulce gracia de Dios en Cristo! (Comparte una pepita de la última sesión y dedícale un momento a un Bocado para la memoria).*
- ☑ *Has sumergido manjares en el tesoro líquido de una fuente de chocolate.*
- ☑ *El chocolate te ha atraído solo con su rico aroma.*
- ☑ *¡Piensas que tus golosinas y postres favoritos de chocolate son simplemente espectaculares!*
- ☑ *Estás dispuesta a compartir tus chocolates con tus seres queridos, la mayoría de las veces.*

BOCADO PARA LA MEMORIA

"Por tanto, imiten a Dios, como hijos amados. Vivan en amor, como también Cristo nos amó y se entregó a sí mismo por nosotros, como ofrenda y sacrificio a Dios, de aroma fragante." Efesios 5:1–2

Gracia desbordante

¿Alguna vez has observado cómo fluye una fuente de chocolate? Burbujas de un tesoro líquido y espeso se desbordan, derramándose capa sobre capa y formando piscinas de chocolate en el recipiente inferior.

¿Alguna vez te has preguntado cómo sería estar debajo de la fuente, dejando que el chocolate líquido te cubriera, abrir la boca y beber hasta hartarte?

Al imaginar cómo el chocolate cae sobre nosotras, podemos recordar otra forma de la inmerecida gracia de Dios, que fluye libremente, que Dios derrama sobre nosotras por medio de Cristo, aun en medio de nuestro pecado. **"La gracia de nuestro Señor fue más abundante con la fe y el amor que es en Cristo Jesús" (1 Timoteo 1:14).** La gracia abundante y el perdón que Dios derramó sobre nosotras se desbordan y llegan a otras personas, de tal manera que ellas también pueden *oler, ver y probar la* gracia de Dios por medio de nosotras. Debido a que *vivimos una vida de chocolate,* por el poder del Espíritu Santo, nosotras *compartimos* la dulce y extravagante gracia de Dios con los demás. Y compartir la gracia no es igual a compartir el chocolate. Aunque la dejemos fluir hacia los demás, ¡nunca se agota! El favor de Dios también fluye continua y ricamente sobre nosotras.

Entonces, ¿cómo fluimos en gracia hacia los demás? **Colosenses 3:13** nos da una clara instrucción: **"Sean mutuamente tolerantes. Si alguno tiene una queja contra otro, perdónense de la misma manera que Cristo los perdonó."**

#1 ¡mastica!

a. Lee las poderosas palabras de **Efesios 4:32–5:2**, que brindan dirección. El amor perdonador de Dios por nosotras en acción impregna este pasaje, que tiene el Bocado para la Memoria de esta sesión. Y entretejidas en él hay varias llamadas a la acción para nosotras. ¿Cuáles son? Cuando las encuentres, adapta para ti cada una de ellas, imaginando a alguien a quien te puede ser difícil perdonar.

b. ¡Como hijas amadas de Dios en Cristo, debemos imitarlo! (¿Y qué hija no ha imitado a su padre amoroso?). Mira el contexto de esta frase. La expresión "por tanto" nos da una pista de que debemos mirar las palabras anteriores (¡para ver qué *hay ahí!*), al igual que las palabras que siguen. ¿Qué es imitar a Dios y "vivir en amor"?

Por nuestra cuenta, derramar la gracia de Dios sobre los demás sería imposible. Pero debido a que su poder perdonador obra en nosotras por medio de la Palabra, la gracia se desborda sobre quienes nos han traicionado, nos han maltratado o nos han hecho daño, e incluso sobre quienes no buscan ni merecen nuestro perdón. Las otras personas también llegan a experimentar el delicioso sabor de la gracia de Dios en Cristo por medio de nosotras cuando caminamos en su amor sacrificial. Démosle otro vistazo a nuestro pasaje anterior:

#2 ¡mastica!

Una "ofrenda y sacrificio a Dios, de aroma fragante". Esa hermosa descripción de Cristo en **Efesios 5:2** es rica en significado con la historia del pueblo de Dios. Bajo la ley del Antiguo Testamento, los sacerdotes ofrecían sacrificios a Dios una y otra vez en nombre del pueblo; se derramaba la sangre de los animales para cubrir los pecados del pueblo (para más información, dale un vistazo a Levítico 1). Cuando los sacrificios se quemaban sobre el altar, el humo de las ofrendas subía hacia el cielo, con **"olor grato para el Señor" (Levítico 1:9, 13, 17).** ¿Por qué el olor de los holocaustos emitía un olor grato para el Señor?

Cuando Cristo, el Hijo de Dios sin pecado, ofreció su vida como pago de la pena de muerte por nuestros pecados, ése fue el sacrificio final y completo ofrecido al Señor, un cumplimiento perfecto de las leyes del Antiguo Testamento, que cubrió totalmente los pecados de todas las personas de todos los tiempos. Esa era una ofrenda fragante, un sacrificio dulce y perfectamente agradable a Dios (Mira **Hebreos 10:1–18**). ¡En el sacrificio único de Cristo, recibimos el perdón y la salvación! Y por su obra misericordiosa en nosotras, podemos presentar nuestros cuerpos **"como sacrificio vivo, santo y agradable a Dios"** (ver **Romanos 12:1**), dedicándole nuestras vidas, caminando en su amor y perdonando como él nos perdonó.

Por el poder del Espíritu obrando en nosotras, podemos ser amables y bondadosas, compartiendo *el favor de Dios que fluye libremente* con todas las personas que nos rodean. ¡Y como hemos empezado a hablar de ofrendas fragantes y aromas gratos, aspiremos profundamente y sigamos leyendo!

El aroma de Cristo

Cuando el chocolate se hornea, la fragancia que flota por el aire nos atrae desde el otro lado de la habitación hasta el horno y caminamos de un lado a otro, esperando impacientes para hundir los dientes en el manjar que se está cocinando adentro. El delicioso placer que sentimos con su simple olor provoca una respuesta en nosotras, ¿no?

Cuando otras personas se cruzan en nuestro camino, ¿flota suavemente la fragancia de Cristo hacia ellas? ¿Somos un recordatorio aromático del amor de Dios hacia ellas? ¡Sí! Por el poder del Espíritu Santo obrando en nosotras, podemos difundir la buena noticia de su amor salvífico por todas partes, *compartiendo* una vez más su dulce gracia.

Cuando compartimos el favor de Dios, que fluye libremente, dejamos su dulce aroma y su rico sabor cuando pasamos y tocamos la vida de los demás. **"Pero gracias a Dios [...] que por medio de nosotros manifiesta en todas partes el aroma de su conocimiento. Ciertamente, para Dios somos el fragante aroma de Cristo" (2 Corintios 2:14–15).**

PRUEBA UN POCO

¿Quién ha impactado tu vida con su dulce fragancia?

¿Las vidas de quiénes puedes tocar con el aroma de Cristo hoy? ¿En las próximas semanas?

Imagínate esto: Estás en un restaurante elegante y pasa junto a ti un exquisito postre que va para la mesa del lado. Cuando el mesero le lleva un volcán de chocolate fundido al encantado comensal, el cálido aroma flota hacia ti, tú aspiras profundamente y casi que saltas del asiento para captar la atención del mesero antes de que se aleje. "¡Discúlpeme, señor!" Señalas a la dueña el postre y afirmas: "¡Voy a comer lo mismo que ella!"

Señoras: ¡nosotras somos el aroma de Cristo para Dios! Por el Espíritu Santo, su fragancia nos llena y nos impregna. Como cristianas, estamos llamadas a esparcir la fragancia del conocimiento de Cristo a todas las personas que nos rodean. Su aroma en nosotras provoca una respuesta y, mediante nosotras, otras personas se sienten atraídas hacia él. Cuando capten la fragancia cuando nosotras compartimos su Palabra, inhalarán profundamente y exclamarán: "Mmm… ¡voy a comer lo mismo que ella!"

#3 ¡mastica!

a. Abre tu Biblia y detente un momento en **2 Corintios 2:14–15**. ¿Cuál es la procesión triunfal en la que Cristo nos está guiando?

b. Una vez más vemos la palabra "aroma" conectada con Cristo. Con base en lo que ya hemos aprendido de la Escritura, comparte lo que significa esparcir **"el aroma de su conocimiento"** (**v 14**) y la forma como eso se conecta con que seamos llamadas **"el fragante aroma de Cristo"** (**v 15**)

#4 ¡mastica!

Dios obra por medio de nosotras para esparcir la dulce fragancia del conocimiento de Cristo por todas partes. Cuando les contamos a otras personas sobre nuestro Salvador, un lugar perfecto para empezar es su *gracia* salvífica. Hemos saboreado su gracia desde nuestra primera sesión. ¿Qué confirman y aclaran los siguientes versículos con respecto a esa gracia? Piensa y discute sobre las oportunidades que puedas tener para compartir esas verdades en los próximos días.

- Hechos 15:11

- Romanos 3:23–24

- Romanos 5:1–2

- Tito 3:4–7

Oramos pidiendo que cada oportunidad que aprovechemos para compartir su gracia, y todo regalo que ofrezcamos para ayudar a otra persona, se eleve hacia el cielo como **"sacrificio aceptable, de olor fragante y agradable a Dios" (Filipenses 4:18)**.

Verdadera belleza

El aroma del chocolate nos tienta, ¡y simplemente con verlo, nuestras glándulas salivales se activan! Simplemente, el chocolate es totalmente espectacular, ¿no? Visualiza conmigo: pastelitos delicadamente decorados con chispas, galletas doradas con grandes trozos de chocolate oscuro y tortas con capas de delicioso chocolate y frambuesa. ¿Podemos imaginarnos algo más atractivo? Nuestros corazones palpitan, nuestras cabezas flotan. ¡Es amor a primera vista!

¿Qué es lo que realmente nos atrae hacia esas hermosas creaciones? ¿Es su apariencia externa? Tal vez, pero esos manjares podrían ser imitaciones hábilmente creadas, como los postres de muestra que nos tientan a probar la versión comestible. Por el contrario, ¿podría la atracción radicar en que anticipamos el sabor y las cualidades internas de cada bombón? Sabemos por experiencia que cuando el manjar está en nuestra boca, tiene una atractiva belleza interna. Creo que eso es lo que nos atrae hacia el chocolate.

¿Qué es lo que atrae a otras personas hacia *nosotras?* ¿Y qué dice eso de nuestra belleza? Muchas veces nos dejamos atrapar por el pensamiento de que seremos más atractivas si adelgazamos, nos hacemos el peinado perfecto o usamos la ropa más linda, el maquillaje adecuado y las joyas que estén de moda. Nuestra sociedad premia la belleza externa, que es vana y fugaz. Nuestra belleza verdadera y duradera, nuestra identidad y nuestro valor como mujeres cristianas redimidas no se definen por el aspecto externo, sino por quiénes somos en Cristo, por la belleza interna que tenemos en él. Estamos hechas a su imagen (**Génesis 1:26–27**) para que podamos reflejar su personalidad. Somos las amadas de Dios (**Juan 15:9**). ¡Somos sus hijas (**1 Juan 3:1**) y nuevas creaciones en Cristo (**2 Corintios 5:17**)!

Dios sigue derramando sobre nosotras su gracia en Cristo, perdonándonos por nuestras prioridades confusas y por el hecho de que muchas veces nos dejemos atrapar por las trampas del mundo. El Espíritu Santo nos llena con su amor y compasión por los demás, que *compartimos* en nuestro temor reverente del Señor. **"La belleza es engañosa, y hueca la hermosura, pero la mujer que teme al Señor será alabada" (Proverbios 31:30).** Con su fortaleza, dejamos que el amor fluya libremente en un mundo desagradable y lleno de pecado, que observa cada uno de nuestros movimientos, en busca de la *verdadera belleza*.

DATO CURIOSO SOBRE EL CHOCOLATE

El color del chocolate varía mucho, desde el marrón claro del chocolate de leche hasta el marrón profundo, oscuro, y casi negro. Sin embargo, el color puede variar entre chocolates que contienen el mismo porcentaje de cacao. ¿Por qué? Depende del tipo de grano de cacao utilizado y de los métodos de procesamiento del chocolate, cuando se cosecha, se fermenta, se seca, se tuesta, se muele hasta convertirlo en pasta, ¡y finalmente se combina con azúcar y otros ingredientes para formar las hermosas creaciones que nos encantan!

PRUEBA UN POCO

Nombra algunos ejemplos específicos de *verdadera belleza* en tu vida. ¿Cómo has usado tus manos, tus pies, tus oídos y tu boca? ¿De qué manera has dedicado tu tiempo y tu vida para el bien de los demás?

¿Cuál es la verdadera belleza? ¡Es hermoso cuando extendemos nuestras manos en nombre de Cristo para llevar la carga de alguien, cuando movemos nuestros pies para caminar al lado de quien de lo contrario caminaría solo, cuando ofrecemos nuestros oídos para escuchar y nuestras bocas para decir palabras de consuelo y alegría, cuando compartimos lo que tenemos con los demás (¡sí, incluso el chocolate!), cuando le dedicamos nuestro tiempo y nuestras vidas al bien de alguien, compartiendo nuestra esperanza en Cristo cuando lo hacemos! ¡Qué atractiva! ¡Cautivadora!

#5 ¡mastica!

Antes leímos **Colosenses 3:13** para buscar una orientación clara sobre el fluir en gracia hacia los demás. Abre tu Biblia en este versículo, mirando ahora el contexto inmediato. Lee los **versículos 12–14** y visualiza una imagen de la verdadera belleza a medida que te "revistes" de cada elemento anotado. Escribe en una tarjeta esa lista de manifestaciones de belleza y encierra la lista de palabras en un corazón para tener un recordatorio visual especial del **versículo 14**. Pega la lista en un espejo.

#6 ¡mastica!

Busca más orientación sobre la gracia en **Romanos 12:9–21**. Anota, comparte y discute sobre las ilustraciones de verdadera belleza de este pasaje que te llamen la atención cuando reflexiones sobre cómo puedes compartir la gracia de Dios con alguien que se ha cruzado en tu camino.

Al mundo incrédulo que nos rodea le atrae esa belleza interna, y Dios hace algo increíble con ella. Él permite que las personas vean a Jesús en nosotras y que sean atraídas hacia él. Todo lo que hacemos puede hacer que los demás vean el hermoso rostro de Jesús cuando él obra en nosotras y a través de nosotras. Nuestras ofrendas imperfectas se vuelven perfectas en Cristo. Esa es la *verdadera belleza*.

El ingrediente secreto

Aunque el aroma y la belleza del chocolate nos atraen y nos seducen, es el sabor de nuestros dulces favoritos lo que hace que nuestro corazón lata rápidamente y nuestro apetito se ponga a toda marcha.

Una amiga me pidió que compartiera con ella mi receta de galletas de chispas de chocolate y yo lo hice con gusto (también la comparto contigo al final de esta sesión). Después de haber ensayado mi receta varias veces, admitió estar decepcionada. Sus galletas nunca le quedaron como las mías. A las de ella les faltaba *gusto* y sabor. Después de hablar un poco más, me enteré de que ella deliberadamente omitió la sal, pensando que era innecesaria e imperceptible. ¿Sal en los alimentos dulces? ¡¿Quién la necesita?! Pero la sal es el ingrediente secreto. Al haber omitido esa insignificante cucharadita, a sus galletas les quedó faltando algo.

La sal es mi ingrediente secreto favorito. Una sola pizca realza los ricos sabores de casi cualquier plato de sal o de dulce. Tan solo una cucharadita logra que una tanda entera de masa para galletas cante con un dulce sabor.

#7 ¡mastica!

a. Lee **Colosenses 4:5–6** y anota los versículos aquí. ¿A qué se refiere el apóstol Pablo cuando anima a los creyentes a que su conversación sea "sazonada con sal" (RV60)? Antes nos había dicho que nos deshiciéramos de la blasfemia y las conversaciones obscenas (ver **Colosenses 3:8.**)

b. Este ingrediente secreto debe impregnar todas nuestras conversaciones. **Colosenses 4:5** menciona específicamente a los "no creyentes". ¿Por qué es especialmente importante que les digamos palabras sabrosas y sazonadas con sal?

No importa si a tu discurso le falta sal. Dios te perdona en Cristo y te da la fe y el sabor para comenzar de nuevo, sazonada con sal, preparada para darle **"a cada uno la respuesta debida"** (**Colosenses 4:6**). Aprovecha al máximo el tiempo que tengas.

Con la fortaleza del Espíritu, puedes *compartir* el Evangelio de la gracia hoy, recordando que tú eres el *aroma* de Cristo para Dios. A través de ti, otras personas ven la *verdadera belleza* de Cristo. Y no te olvides del *sabor* (¡recuerda incluir tu ingrediente secreto!).

¡Al vivir una vida chocolate, nosotras compartimos su rica y dulce gracia con los demás!

ORACIÓN

Dulce súplica

Señor Jesús, que tu gracia se desborde sobre mí y me permita dejarla fluir sobre los demás, para que yo comparta ese perdón y ese favor inmerecidos con el mundo que me rodea, esparciendo la fragancia del conocimiento de Cristo en un mundo que necesita de un Salvador. Gracias por la belleza interna que me das mediante la fe. Perdóname por cualquier discurso desagradable que haya salido de mi boca. Lléname continuamente con tu Espíritu para que mis palabras sean misericordiosas y tengan sal, y para que mis palabras y acciones atraigan a otras personas hacia ti. Lo pido en tu nombre. Amén.

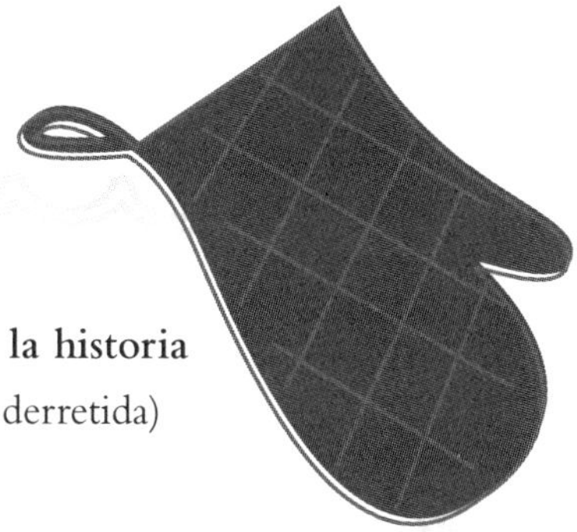

Las mejores galletas de chispas de chocolate de la historia

1 taza de mantequilla verdadera ablandada (no derretida)
1 taza de azúcar
1 taza de azúcar morena
2 huevos
1 cucharadita de extracto de vainilla
2 tazas de harina
2 y ½ tazas de avena, medida primero, luego
1 cucharadita de bicarbonato pulverizada en la licuadora
o el procesador de alimentos de sodio
1 cucharadita de polvo de hornear
1 cucharadita sal
2 tazas (bolsa de 12 onzas) de chispas de chocolate
2 (1,55-oz.) chocolatinas de leche, ralladas
1 taza de nueces de pacana picadas, opcional

Precalienta el horno a 375 grados. Mezcla la mantequilla y los azúcares en un recipiente. Añade los huevos y la vainilla; continúa batiendo hasta que la mezcla esté ligera. Agrega la harina, la avena pulverizada, el bicarbonato, el polvo de hornear y la sal. Mezcla bien. Incorpora a mano el chocolate rallado, las chispas de chocolate y las nueces. Deja reposar por lo menos una hora o toda la noche. Con una cuchara forma bolitas de 2 pulgadas (5 cm aprox.) de masa, para hacer galletas grandes. Hornea de 8 a 10 minutos, o hasta que los bordes estén ligeramente dorados y el centro esté esponjoso y suave. Sirve caliente con un vaso de leche fría, si lo deseas. **Mmm... ¡Prepara, hornea y come! ¡Aprovecha al máximo cada oportunidad que tengas para compartir estas galletas con otras personas cuando compartas la gracia de Dios!**

CHOCOACTIVIDAD

Buqué de galletas con chispas de chocolate

¡Comparte la gracia de Dios *y* este delicioso regalo! Reflexiona en oración quién podría ser el/la/los destinatario/a(s) de un buqué de galletas hecho a mano con mucho cariño. Trabaja sola o en grupo. Los materiales son pocos y la elaboración es simple. ¡El aspecto, aroma, y sabor de este buqué lo convierten en el regalo perfecto!

Instrucciones: Prepara la masa para las *Mejores galletas de chispas de chocolate de la historia* (receta anterior). Deja caer **masa de galletas** sobre un molde en porciones uniformes, usando una cuchara para galletas mediana o grande. Selecciona **palitos largos para chupetas** (disponibles en tiendas de artículos decorativos para pastelería) o **palitos de madera para pinchos** (disponibles en las secciones de cocina de muchos almacenes). Introduce el palito en la parte inferior de cada galleta. Hornea según las instrucciones de la receta (los palitos quedarán asegurados cuando las galletas se horneen y se enfríen). Corta cuadrados de **papel celofán** y envuelve las galletas de forma individual; luego ata una **cinta** alrededor de los palitos. Coloca **papel de seda** en la parte inferior y los costados superiores de **una olla de barro o un canasto**. Introduce un bloque de **espuma plástica** ajustada en el recipiente. Organiza de seis a doce tallos de galleta en la espuma y cúbrela con más **papel de seda o rafia de papel** (añádele toques de color al buqué cuando elijas la cinta y el recipiente). Añade un palito con un **versículo de la Escritura** adjunto y una nota personal, según desees. *Sugerencia:* **"¡Prueben ustedes mismos la bondad del Señor!" (Salmo 34: 8).**

PRUEBA UN POCO

Nombra algunos ejemplos específicos de *belleza verdadera* en tu vida. ¿Cómo has usado tus manos, tus pies, tus oídos, y tu boca? ¿De qué manera has dedicado de tu tiempo y tu vida por el bien de los demás?

PRUEBA OTRO POCO

¿Has escuchado tus conversaciones últimamente? ¿Están aderezadas con sal o les falta sabor? ¿Tus palabras son edificantes o destructivas?

SESIÓN 3

Satisfacción

UNA MUESTRA DE CHOCOLATE

Marca todas las casillas que se apliquen a tu vida y luego haz un debate grupal:

- ☑ *¡Tú vives una vida rica y achocolatada cuando* **compartes** *la dulce gracia de Dios con los demás!*
  (Comparte los conocimientos obtenidos en la sesión anterior y disfruta de un Bocado para la Memoria
- ☑ *Las frutas sumergidas en chocolate, frescas o secas, están entre tus pasiones de chocolate.*
- ☑ *Has cruzado la ciudad conduciendo para* **satisfacer** *un antojo de chocolate.*
- ☑ *Te sientes mejor después de consumir chocolate: tu comida reconfortante favorita.*
- ☑ *Incluyes chocolate en tu lista de necesidades diarias.*

BOCADO PARA LA MEMORIA

"Así que mi Dios suplirá todo lo que les falte, conforme a sus riquezas en gloria en Cristo Jesús" Filipenses 4:19

Antojos

¡Tengo un antojo y quiero algo que me satisfaga! Un solo bombón de chocolate ofrece la promesa de *satisfacer realmente*. Entonces, mi teoría es que, si un bombón me da satisfacción, una caja entera me arreglará el día, ¿verdad? O, por lo menos, eso dicen mis antojos. *¿Cuál es tu antojo?* ¿Fresas cubiertas de chocolate? ¿Galletas de chispas de chocolate recién horneadas con un vaso grande de leche? ¿El postre volteado con salsa de chocolate de la abuela?

DATO CURIOSO SOBRE EL CHOCOLATE

Las estadísticas nos dicen constantemente que el chocolate es el alimento más apetecido por las mujeres en los Estados Unidos (¿Realmente necesitamos una investigación para saberlo?).

(¡Estás de suerte! Faltan pocas páginas para llegar a esa exquisita receta). O, tal vez, te apetece un filete jugoso y agradable con todas las guarniciones (tú sabes que de vez en cuando también nos antojamos de cosas diferentes al chocolate).

Es muy natural que nos antojemos de nuestros alimentos favoritos. Dios nos creó con hambre física, para la cual necesitamos alimento y anhelamos satisfacción. Nuestro estómago anhela que lo llenen con lo que más lo satisface. Dios suplió todos los nutrientes necesarios para satisfacer nuestras necesidades físicas, pero no se detuvo ahí: creó fabulosos sabores y una gran variedad de alimentos para que *disfrutemos*.

Pero, ¿y nuestros antojos distintos a los causados por los calambres del hambre física? ¿Cuál es nuestro mayor antojo con respecto a la vida? ¿Cuándo confundimos el hambre física con el hambre emocional y espiritual? Tal vez estamos hambrientas de *amor* porque estamos solas. Quizás anhelamos la *paz* porque nuestro mundo está lleno de conflictos. O tal vez aspiramos a que nos *consuelen* porque estamos ansiosas o asustadas, insatisfechas o deprimidas. Dios nos creó con hambre espiritual, para la cual necesitamos alimento y anhelamos satisfacción.

PRUEBA UN POCO

¿De qué alimentos te antojas más? ¡Comparte!

Comida reconfortante

¡Dame consuelo! ¡Dame amor! ¡Dame chocolate! ¿Te suena familiar? ¿Alguna vez has pronunciado palabras como éstas? ¿Por qué está el chocolate incluido en muchas listas de necesidades? Tal vez porque algunos consideran que el chocolate es la comida reconfortante por excelencia.

Hallamos gran placer, calmante consuelo y reconfortante satisfacción cuando ingerimos barcadas de nuestro brebaje de chocolate favorito. ¡Ay, el chocolate nos hace sentir muy *bien* cuando estamos dolidas y hambrientas! Inconscientemente nos atrae porque sabemos que en otras ocasiones nos ha hecho sentir mejor. Las investigaciones demuestran que cuando comemos chocolate se desencadena una respuesta fisiológica real. El triptófano, un aminoácido esencial del chocolate, libera el químico cerebral que produce sensación de bienestar —la serotonina— el cual estimula temporalmente nuestras emociones cuando disfrutamos del chocolate. Las emociones de euforia resultantes se han comparado con la sensación de enamorarse.

Por supuesto, sabemos que la respuesta de bienestar es breve. ¿Dónde buscamos consuelo después de habernos comido el último pedacito? ¿Es ésa realmente una manera saludable de buscar consuelo para lo que nos duele, para hallar alivio cuando estamos afligidas, para llenar el agujero de hambre que no está en nuestros estómagos sino en nuestras almas? Estoy totalmente a favor de comer un poco de chocolate para tener algo de tranquilidad, pero ¿cuándo se convierten mis ansias de chocolate en un sustituto poco saludable para el alivio del dolor verdadero o en mi único mecanismo cuando me siento triste?

Comida "relleno"

La industria alimenticia llama comida "relleno" a los alimentos que proporcionan pocos o ningunos nutrientes. También conocida como alimento de *calorías vacías*, la comida relleno da la sensación de llenura temporal. Ayuda poco para satisfacer el hambre real; de hecho, deja al cuerpo con anhelos de más. Para mi desesperación, los expertos han incluido algunos alimentos casi perfectos en su lista de *comida relleno*, tales como los pasteles, las galletas y las chocolatinas. ¡Qué decepción! Supongo que eso significa que tengo que disfrutar de mis comidas relleno favoritas con moderación, pero mi estómago está tan vacío que gruñe y creo que me dice: "¡Rápido! ¡Lléname de chocolate!"

"¡Espera!", le digo a mi estómago. "Primero tengo que llenarte con alimentos nutritivos; luego podemos hablar de chocolate."

No queremos privar a nuestro cuerpo del alimento diario que favorece nuestro bienestar físico, pero ¿qué pasa con nuestra alma? Ahí encontramos un agujero mucho más profundo, un vacío mayor. Quizá intentamos llenar ese agujero con todo tipo de cosas que prometen satisfacernos. Pero, en lugar de elegir alimentos nutritivos y de buena calidad, muchas veces nos conformamos con comida relleno en el intento de llenar ese vacío.

"¡Estoy muy sola! Me sentiré mucho mejor después de acabar con ese cuarto de galón de helado de triple chocolate." "Quizás, alguien finalmente note que existo si me compro ese traje nuevo." "Necesito esos tragos después de la cena para domar mi ira." "Cuando termine este libro de autoayuda, por fin seré feliz." "Esa película que tiene final feliz hará que el dolor se aleje."

Podemos reconocer un clamor común en las palabras de estas mujeres: un grito de hambre y vacío que anhela satisfacción y provisión de amor, paz, consuelo y mucho más. Aunque el helado de triple chocolate da alivio temporal, no puede llenar el agujero que lastima a un corazón; la ropa nueva, las películas con final feliz y otra comida relleno tampoco.

#1 ¡mastica!

a. Quizá tus comidas relleno favoritas no sean malas por sí mismas. Entonces, ¿por qué ninguna de ellas sacia de forma total y permanente nuestra hambre emocional y espiritual? ¿Cuál es el resultado cuando se utilizan para tratar de llenar el hambre de amor, paz, consuelo y mucho más?

b. Abre tu Biblia en **Isaías 55:2.** Isaías hace un par de preguntas curiosas. En primera instancia, parece que está hablando de comida física. ¿En verdad está hablando de eso? ¿Qué crees que quiere decir cuando pregunta por qué las personas están gastando su dinero y su sueldo en lo que no las satisface? ¿Eso también tiene que ver con nosotras? ¿Cuál es esa mejor comida a la que se refiere y qué hace por nosotras?

PRUEBA UN POCO
¿Qué cosas se te antojan más en la vida? Tal vez hayas pensado ahora en más antojos; escríbelos aquí. Dialogaremos más sobre nuestros antojos cuando *mastiquemos.*

Solo Dios ofrece la comida perfecta, nutritiva y que satisface el alma para llenar ese vacío que nos duele, dándonos verdadera fortaleza y verdadero sustento. Solo él puede satisfacernos completamente. Jesús dijo: **"Bienaventurados los que tienen hambre y sed de justicia, porque ellos serán saciados" (Mateo 5:6).** Jesús ofrece "alimento" que revive a las pecadoras hambrientas como tú y como yo: el perdón de los pecados que él pagó con su muerte en la cruz, la vida nueva que nos da mediante su resurrección de entre los muertos, y la justicia que es nuestra por la fe en él. ¡Solo Jesús satisface nuestra hambre de un Salvador!

¡Satisfecha!

En la narración del evangelio registrada en Juan 4, Jesús y sus discípulos viajaban desde Judea a Galilea. Muchos judíos se habían desviado del camino para no pasar por Samaria, la tierra que se interponía entre ellos y su destino, porque despreciaban a los samaritanos. Pero ese día, Jesús tenía un propósito especial para detenerse junto a un pozo a las afueras de un pueblo samaritano.

#2 ¡mastica!

a. Lee **Juan 4:3–15**. ¿Por qué Jesús le pidió agua a la samaritana? ¿Qué tipo de agua le ofrecía él a *ella*, y por qué una persona nunca más tendría sed si bebía de ella?

PRUEBA OTRO POCO
¿Qué "comida relleno" eliges para hallar satisfacción? Dedica un momento a pensar y anotar la comida chatarra que escoges o que hayas escogido en el pasado.

b. Ahora, dale un vistazo a los **versículos 16–18**. Jesús le hizo otra petición a la mujer samaritana. ¿Qué le reveló que sabía sobre ella y por qué le preguntó si ya sabía la respuesta? ¿Cómo nos revela su estilo de vida algo sobre su intento de satisfacer su hambre en la vida? En los **versículos 25** y **26**, ¿qué reveló Jesús acerca de sí mismo?

Jesús le llevó agua viva —el don de la vida eterna— a una mujer que estaba seca y vacía, que necesitaba con desesperación un Salvador. Él llegó a ella en medio de su pecado y su dolor y, por su maravillosa gracia, satisfizo su mayor necesidad: su sed de salvación.

c. Mira en profundidad los **versículos 28–29** y **39**. ¿Qué hizo la mujer inmediatamente después de que Jesús le reveló que él era el Cristo (**vv 28–29**)? ¿Qué sorprende sobre la respuesta de la gente, teniendo en cuenta la reputación que ella probablemente tenía (**v 39**)? ¿Qué revela eso acerca de la gracia de Dios, que fluye libremente mediante las pecadoras perdonadas como tú y como yo?

Así como Jesús fue a donde esa mujer y satisfizo su *mayor* necesidad, también viene a cada una de nosotras y satisface *todas y cada una* de nuestras necesidades. **"Así que mi Dios suplirá todo lo que les falte, conforme a sus riquezas en gloria en Cristo Jesús" (Filipenses 4:19).** (¡Ése es el *Bocado para la memoria* de hoy!) ¡En Cristo, estamos plena y ricamente satisfechas!

Comida reconfortante para el alma

Sí, nuestro Salvador satisface todas nuestras necesidades. Con la fortaleza de su poder, él nos llena de anhelos de alimentos que, como dijo **Isaías** (**55:2**), son la mejor comida. Nosotras anhelamos una fuente abundante de comida *para el alma*.

Nos antojamos de una dieta constante de *oración*. Deseamos porciones colmadas de *culto,* donde somos alimentadas con la Palabra y los sacramentos. Tenemos hambre de saludables dosis de saborear, masticar lentamente, y digerir diariamente la *nutritiva y deliciosa palabra de Dios*.

1 Pedro 2:2–3 habla de buscar la palabra de Dios de la misma manera que un niño anhela la leche. ¡Así como a un bebé lo sacia la leche, a quienes hemos **"probado ya la bondad del Señor" (v 3)** su Palabra satisface nuestras más profundas necesidades!

#3 ¡mastica!

a. **"El Señor sacia la sed del sediento, y colma con buena comida al hambriento" (Salmo 107:9).** Escucha cómo la palabra de Dios nos habla en los Salmos acerca de la satisfacción que solo él puede dar. ¿Con qué nos provee y nos satisface él? Cuando anotes o compartas, adapta su provisión a tus circunstancias para incluir tus necesidades específicas de hoy. Debate sobre:

- Salmo 63:1–5

- Salmo 90:14

- Salmo 103:1–5

- Salmo 145:15–16

b. ¿Y cuál es la respuesta del salmista (¡y, por lo tanto, la nuestra!) ante esta rica provisión? Personaliza tus respuestas en una oración de alabanza al Señor, quien realmente satisface.

Dios nos habla en toda su Palabra sobre las cosas que más anhelamos en la vida; cosas como *el amor, la paz* y *el consuelo,* como se mencionó anteriormente.

#4 ¡mastica!

AMOR: Con respecto a nuestra hambre de amor, su Palabra dice: **"Miren cuánto nos ama el Padre, que nos ha concedido ser llamados hijos de Dios. Y lo somos" (1 Juan 3:1).** Los siguientes versículos son solo una muestra de las palabras de amor incondicional de Dios hacia nosotras. Busca detalles específicos que definan la profundidad de su amor y adáptalos a tu vida cuando escribas y compartas ("Dios me ama con amor eterno...").

- Jeremías 31:3

- Romanos 8:38–39

- Efesios 3:16–19

- 1 Juan 4:9–10

#5 ¡mastica!

PAZ: Anhelamos la paz, y Jesús dice: **"La paz les dejo, mi paz les doy; yo no la doy como el mundo la da. No dejen que su corazón se turbe y tenga miedo" (Juan 14:27)**. Lee los siguientes versículos. ¿Qué es la paz y cómo recibimos paz con Dios? ¿Podemos tener paz en medio de las pruebas y las dificultades? Explica.

- Romanos 5:1

- Filipenses 4:6–7

#6 ¡mastica!

CONSUELO: Anhelamos ser consoladas y nos enteramos de que tenemos un Padre **"quien nos consuela en todas nuestras tribulaciones" (2 Corintios 1:4).** ¡Lee los siguientes versículos de la palabra de Dios, el alimento reconfortante por excelencia que podemos saborear todos los días! Recuerda una ocasión en que hayas recibido consuelo en tus sufrimientos o dificultades. ¿Pudiste después consolar a otras personas en sus sufrimientos y dificultades? ¿Cómo puedes consolar ahora a alguien que está en una situación similar a la tuya?

- 2 Corintios 1:3–4

- 2 Tesalonicenses 2:16–17

#7 ¡mastica!

La palabra de Dios nos habla directamente sobre nuestra hambre y nuestros anhelos. Nuestro Salvador nos llena, y satisface todas las necesidades como solo él puede hacerlo. Anteriormente en esta sesión, cuando se te pidió que mordieras un poco ¿pensaste en otras cosas que se te antojan en la vida?

¿Qué tal *seguridad, fortaleza,* y *alegría,* para nombrar algunas? Lee y adapta a ti una muestra de las muchas promesas de Dios para satisfacer aún más antojos:

- *Seguridad:* Salmo 40:2; Proverbios 18:10

- *Fortaleza:* Isaías 40:29–31; Colosenses 1:11–14

- *Alegría:* Filipenses 4:11–13; 1 Timoteo 6:6–8

- *Otros:* Escudriña la Escrituras ahora o durante la semana que sigue, para encontrar aún más alimento para tu alma, que supla y satisfaga todas tus necesidades.

Las mujeres nos compadecemos mutuamente en nuestras aflicciones. Muchas veces le llevamos ayuda en forma de chocolate a una amiga. Así que, adelante, toma un poco de chocolate. Llévale un poco a una amiga que esté buscando consuelo, algo seguro que la satisfaga. Pero cuando lo hagas, la palabra de Dios es mucho más importante que un bombón. Lleva contigo la *comida reconfortante* del Señor y compártela con generosidad. ¡Comparte el máximo consuelo que recibimos, sabiendo que nuestro Salvador, Cristo Jesús, ganó la salvación para nosotras!

¡Al vivir una vida de chocolate, hallamos satisfacción en Cristo!

Dulce súplica

Señor Jesús: perdóname por buscar soluciones rápidas para llenar mi vacío, mi necesidad de ti. Gracias por llenarme, en cambio, con tu Espíritu que da fe. Satisface mi hambre, mi sed, y cada una de mis necesidades, según tus riquezas gloriosas. Señor, tú me amaste y me diste consuelo eterno y buena esperanza por medio de la gracia. Consuélame, para que pueda consolar a otros en tu nombre. ¡Gracias, Jesús! Amén.

Postre volteado de salsa de chocolate de la abuela

1 taza de harina
½ cucharadita de sal
1 onza de chocolate sin azúcar
½ taza de leche
1 cucharadita de vainilla para pastelería sin azúcar
½ taza de azúcar morena
2 cucharaditas de polvo de hornear
1 y ¼ de taza de azúcar, divididas
2 cucharaditas de mantequilla
½ taza de nueces picadas
4 cucharaditas colmadas de cacao
1 taza de agua fría

Precalienta el horno a 300 grados. Engrasa un molde cuadrado para hornear de 8 pulgadas (20 cm aprox.). Cierne la harina, la sal, el polvo de hornear y ¾ de taza de azúcar. Derrite el chocolate con la mantequilla; incorpora a los ingredientes cernidos. Incorpora la leche, las nueces y la vainilla; vierte la mezcla en el molde que tienes listo. Combina el cacao, el azúcar morena y ½ taza de azúcar y esparce sobre la masa que está en el recipiente. Vierte agua fría sobre la mezcla. **Importante:** Hornea a 300 grados durante 40 minutos, luego a 350 grados durante 20 minutos. La parte superior se pone crujiente, el interior es un pastel esponjoso y tibio y la parte inferior se convierte en salsa de chocolate con textura acaramelada. ¡Este postre satisface como ningún otro un antojo de chocolate, cuando se sirve caliente con helado!

CHOCOACTIVIDAD

Cucharas sumergidas en chocolate

Compra **cucharas de plástico** (de cualquier color), **piezas de chocolate que se puedan derretir, celofán transparente** y **cinta**. Derrite el chocolate; sumerge en él las cucharas y colócalas sobre papel encerado hasta que el chocolate esté duro. Corta cuadrados de celofán de 8 pulgadas (20 cm aprox.) y envuelve el extremo de las cucharas que está cubierto de chocolate. Ata cinta para sujetar el celofán. Si lo deseas, imprime etiquetas o tarjetitas con un versículo, como **"El Señor sacia la sed del sediento y colma con buena comida al hambriento" (Salmo 107:9)**; ata el versículo al mango de la cuchara con la cinta.

El encanto adicional de este regalo es el recordatorio de comer que brinda la cuchara. Tenemos hambre de su Palabra y él satisface todas y cada una de nuestras necesidades. Elige una hora y un lugar para entregar estos regalitos, tal vez junto con un libro devocional *Una vida de chocolate* (disponible en cph.org, artículo 16-6659). Cuando entregues estos regalos, menciona que hay alguien único que realmente nos satisface y permite que tus regalos le sirvan como recordatorio a cada destinatario.

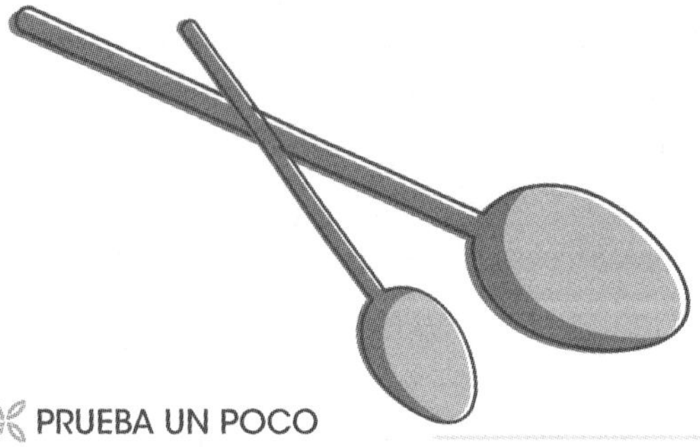

PRUEBA UN POCO

¿Cómo te ha alimentado y nutrido esta comida reconfortante para el alma: oración, culto, y Escritura? ¿Cómo y dónde podrías masticar estos alimentos con más profundidad?

SESIÓN 4 PROMESAS

UNA MUESTRA DE CHOCOLATE

Marca todas las casillas que se apliquen a tu vida y luego haz un debate grupal:

- ☑ *¡Vives una vida de chocolate cuando encuentras satisfacción en Cristo! (Comparte un sabroso bocado de la última sesión, que realmente te haya llegado, y disfruta de un Bocado para la memoria).*
- ☑ *Consumes con regularidad chocolate oscuro por los muchos beneficios que promete para la salud.*
- ☑ *Te has hecho tratamientos faciales a base de chocolate, porque los beneficios del mismo para la salud no se limitan a la ingestión.*
- ☑ *Te han premiado o pagado con chocolate.*
- ☑ *Buscas versiones más saludables de recetas de chocolate para poder disfrutar sin culpa.*

BOCADO PARA LA MEMORIA

"Porque todas las promesas de Dios en él son 'Sí'. Por eso, por medio de él también nosotros decimos 'Amén', para la gloria de Dios." 2 Corintios 1:20

Creyendo en las promesas

¡Noticia de última hora! "¡El chocolate oscuro fue declarado el último grito en comida sana!" Recientes investigaciones evidenciaron que el chocolate oscuro puede bajar la tensión arterial y reducir el riesgo de diabetes. También contiene potentes antioxidantes. Me olvidaré del té verde y las frutas cítricas: me zambulliré

DATO CURIOSO SOBRE EL CHOCOLATE
Los granos de cacao fueron utilizados durante siglos como moneda por los mayas, los aztecas y los habitantes de otras partes de América Latina, porque se consideraban muy valiosos. ¿Te imaginas que te pagaran con chocolate?

PRUEBA UN POCO
¿Has creído en una promesa engañosa o falsa, creyendo en ella temporalmente porque te sonaba muy bien y esperabas beneficiarte de ella?

en chocolate oscuro. Hoy compraré once libras de esta nueva comida saludable. ¿Once libras? Sí. Ésa es la cantidad promedio de chocolate que los estadounidenses consumen en un año, ¡y yo estoy muy atrasada! Espero poder mejorar un poco ese promedio (además, si el chocolate negro me hace bien, en realidad ¿no sería mejor ingerir grandes cantidades?).

¿Has notado con cuánta facilidad nos aferramos a las promesas más recientes y las creemos, simplemente porque nos suenan muy bien? *"¡¿El chocolate puede ser bueno para ti?!"* Sin duda, hay algo de verdad detrás de esa reciente investigación sobre el chocolate, pero la promesa de una mejoría en la salud si consumimos tanto como sea posible es un poco engañosa, ¿no? ¡Oh, pero qué buena justificación para auto complacernos con más! Ya me puedo imaginar, metiendo cajas de chocolate en el carrito del mercado y justificando mi desmesura ante todos los que estén cerca: "¡Estoy invirtiendo en mi salud! ¡Las cerezas cubiertas de chocolate son más que todo fruta! ¿La variedad rellena de nueces? ¡Rica en proteína vegetal! ¿Y el chocolate en sí mismo? ¡Repleto de sustancias saludables para el corazón!"

Como si no fuera suficiente que el chocolate contiene tantas *promesas* cuando lo consumimos, nos dicen que los productos hechos de chocolate también son beneficiosos cuando los aplicamos sobre la piel. Los exfoliantes, las mascarillas faciales y las lociones de chocolate prometen una piel más resplandeciente, suave y sana, nutrida con los antioxidantes del chocolate, que protegen la piel del daño solar, y la cafeína, que favorece la circulación y ayuda a mantener la elasticidad de la piel. ¡Qué promesas!

La gente ha creído en las *promesas* del chocolate durante siglos. Hace dos mil años los mayas mezclaban granos de cacao con especias amargas para hacer una bebida que se creía que era un elíxir para la salud. En su cultura se pensaba que las vainas de cacao eran "la comida de los dioses". Los aztecas creían en la promesa de que la sabiduría y el poder se obtenían por medio del consumo del preciado grano de cacao.

La letra pequeña

Nosotras queremos creer en las promesas, especialmente en las que pueden beneficiarnos. Pero no queremos leer la letra pequeña de la etiqueta del chocolate: *"¡Cuidado! Contiene grasas saturadas y azúcar, que causan aumento de peso y suben la tensión arterial. Consuma solo porciones pequeñas como parte de una dieta saludable."* Tenemos tantas ganas de creer, que ignoramos las alarmas contra las promesas engañosas o incluso falsas. Nos gusta solo la letra grande de esas afirmaciones: *"¡Lucirás treinta años más joven en solo cinco semanas!"* (es decir, treinta años más joven que tu madre). *"¡Bajarás veinte libras comiendo todos los alimentos que se te antojen!"* (siempre y cuando solo te apetezca el pomelo y el repollo). *"¡Hoy obtendrás libertad financiera garantizada!"* (envíanos todo tu dinero, y no tendrás que preocuparte más por él).

Quizás nos reímos cuando leímos la letra pequeña de esas promesas engañosas, pero existe otra, y es *real.* También engañosa, y mucho peor, fue la siguiente: **"¿Así que Dios les ha dicho a ustedes que no coman de ningún árbol del huerto?" …Entonces la serpiente le dijo a la mujer: "No morirán.** *[Sí, morirán].* **Dios bien sabe que el día que ustedes coman de él, se les abrirán los ojos, y serán como Dios, conocedores del bien y del mal** *[caerán en pecado]* **(Génesis 3:1, 4–5).** ¡Tremenda promesa! Satanás le mintió a Eva en el jardín del Edén y ella le creyó. En el pecado que resultó de eso, hemos creído en esa falsa promesa desde entonces. Satanás es el padre de todas las mentiras, el gran engañador. Él quiere que creamos en estos engaños. También quiere hacernos creer en la infalibilidad de las promesas de este mundo. Su objetivo es que quitemos nuestros ojos del Señor y pongamos nuestra esperanza y confianza en *cualquier otra cosa.*

Al igual que todos los creyentes que nos precedieron, cuando buscamos al Señor con corazón arrepentido en la fortaleza del Espíritu, recibimos el perdón por todas las falsas promesas que hemos creído. Redimidas y renovadas, nos regocijamos en aquel que cumple con su promesa *perfecta.*

El dador de la gran promesa

Dios es el Padre de toda verdad, el dador de la gran promesa. La Escritura demuestra que él cumple fielmente todas sus promesas. En la Escritura vemos el cumplimiento de las promesas de Dios a su pueblo. Veamos una muestra:

#1 ¡mastica!

Cuando leas los siguientes pasajes de promesa, registra cada promesa del Señor que encuentres a medida que se manifiesten o se cumplan.

- Génesis 17:1–8, 15–16; 21:1–2

- Éxodo 3:7–8, 16–17

- Joshué 21:43–45

#2 ¡mastica!

La promesa de Dios de enviar un Salvador fue anunciada en el jardín del Edén **(Génesis 3:15)**, fue predicha durante siglos por los profetas y se cumplió perfectamente en Jesucristo. Revisa esas promesas de las profecías, las cuales señalan a Cristo (también son solo una muestra de las muchas profecías mesiánicas del Antiguo Testamento). ¿Qué detalles se prometen y se anuncian con respecto al Salvador que vendría? ¿Por qué es tan significativa la promesa recurrente de que él reinará con *"justicia"*?

- Salmo 89:3–4

- Isaías 9:6–7; 53:3–6, 12

- Jeremías 33:14–15

En el libro de Hechos, los apóstoles proclamaron al Salvador resucitado, Jesús, con estas hermosas palabras que declaran la mayor promesa cumplida de Dios: **"De acuerdo con su promesa, Dios levantó de la descendencia de David un salvador para Israel, que es Jesús. Nosotros también les anunciamos a ustedes las buenas noticias de la promesa que Dios hizo a nuestros padres: Dios la ha cumplido en sus hijos, es decir, en nosotros, al resucitar a Jesús" (Hechos 13:23, 32–33).**

#3 *¡mastica!*

Lee las palabras de promesa de Dios a través del apóstol Pablo en **Romanos 4:13–25**. ¿Cuál es la conexión entre la promesa que Dios le hizo a Abrahán y la que nos hizo a nosotras? ¿Quién es la descendencia de Abrahán? ¿Por fe, en qué creyó Abrahán y, por esa misma fe, qué creemos nosotras? ¿Qué fue lo que "se le tomó en cuenta como justicia" a él, que se nos "tomará en cuenta como justicia" a nosotras?

¡Por fe recibimos la máxima promesa de Dios de la vida eterna en Cristo! **"Y ésta es la promesa que él nos hizo, la vida eterna" (1 Juan 2:25).**

¡Encantada!

Cuando entré a la iglesia, mis ojos se deleitaron con docenas de pastelitos organizados en niveles que decoraban la habitación que se estaba preparando para un retiro de mujeres *Viviendo una vida de Chocolate*. Miré las creaciones cubiertas con espirales en tonos color rosa algodón de azúcar, verde menta y marrón chocolate, cada uno coronado con chispas de chocolate. Me reí mientras me preguntaba si podría seleccionar una de esas deliciosas opciones. ¡No hubo decepción! Intrigada por la variedad cubierta de verde menta, hice mi elección. El aroma flotó hacia mí, haciéndome señas de que probara el primer bocado. Después de quitarle el papel, hundí los dientes en el pequeño manjar, esperando que el sabor y la textura complacieran mi paladar. No hubo decepción. Sin embargo, para mi sorpresa, al morder, encontré oculto un centro sorpresa acaramelado, cremoso y rico. ¡Igual que un niño en una tienda de dulces, esta señora amante de chocolate estaba *encantada!*

Disfrutamos de cualquier cosa buena que nos produce placer. ¡Pero nada que este mundo ofrezca —ni las relaciones, ni el trabajo, ni el juego, y ni siquiera los alimentos más deliciosos— nos pueden brindar el sabor completo y duradero que hallamos cuando nos deleitamos en el Señor y en sus promesas! **"Disfruta de la presencia del Señor, y él te dará lo que de corazón le pidas" (Salmo 37:4).**

PRUEBA UN POCO

¿Qué te encanta a ti? Quizá tú, al igual que yo, disfrutas del relleno sorpresa de tu manjar favorito. Tal vez, te deleitas con el amor de tus amigos o las travesuras de tus hijos. Tu trabajo te encanta. Saboreas el tiempo que le dedicas a tu pasatiempo favorito. Te deleitas con la comida gourmet o disfrutas del exquisito postre de chocolate que sigue al plato fuerte.

#4 ¡mastica!

Halla un sabor completo y duradero al hundir tus dientes en estas delicias:

- Maravíllate por su creación todos los días al levantarte. Sé reverente ante aquel que creó los cielos y la tierra. Haz una pausa para deleitarte leyendo porciones o la totalidad de **Génesis 1**.
- Alaba a aquel que te formó en el vientre de tu madre y conoce incluso el número de cabellos que tienes en la cabeza. Haz una pausa para maravillarte en la lectura del **Salmo 139:13** y **Mateo 10:30**.
- ¡Halla tu mayor alegría en Jesús, quien murió y resucitó por tus pecados! Descansa al leer **Juan 3:16**.
- Alaba el nombre de aquel que te vistió con Cristo en tu Bautismo. Glorifícalo al leer **Gálatas 3:27**.

¿Se nos hace agua la boca por una ración colmada de su Palabra de vida todos los días? Incluso cuando no nos deleitamos en él, cuando le damos mayor prioridad a los placeres de este mundo, la rica misericordia de Dios en Cristo nos cubre, perdonando nuestras fallas y limpiándonos de nuestros pecados.

El poder del Espíritu Santo obra en nosotras cuando crecemos en la Palabra y aprendemos de él, cambiando los deseos de nuestro corazón para alinearnos con sus deseos (lee otra vez el **Salmo 37:4**). Él nos da el deseo de poner las necesidades de los demás primero que las nuestras y servirles con amor sacrificial; él aumenta nuestro anhelo de compartir su gracia salvadora con un mundo que necesita de un Salvador; él nos da el anhelo de crecer en su Palabra. Esto es aún más encantador que el centro sorpresa de un pastelito delicadamente decorado.

#5 ¡mastica!

Por fe, podemos deleitarnos en todas las promesas que Dios nos ha hecho, cuando deseamos crecer en su Palabra. Como punto de partida, busca algunas de sus muchas promesas en cada una de estas áreas. Elige al menos uno de los siguientes versículos para pegar en un lugar visible, como recordatorio de la promesa que Dios te hizo de su presencia, su protección, su provisión o el propósito para el cual te ha preparado.

- Presencia: Deuteronomio 31:8; Salmo 139:1–18
- Protección: Salmo 18:2; Salmo 121
- Provisión: Mateo 6:31–33; Santiago 1:17
- Propósito: Efesios 2:10; Hebreos 13:20–21

#6 ¡mastica!

Habla de las promesas de Dios que se cumplen en tu vida. ¿Cómo te ha recordado su continua presencia? ¿Dónde has visto su protección? ¿Cómo ha suplido tus necesidades? ¿De qué manera te ha revelado el propósito que tiene para ti?

¡Las promesas de Dios: nuestro deleite!

Con la guía del Espíritu, puedes leer la palabra de Dios con expectativa y anhelo. Ora para que, cuando él te revele las verdades y promesas, éstas te guíen y te dirijan, te den su sabiduría, te llenen de discernimiento y te den una dirección clara. Al leer, mastica lentamente. Saborea las palabras que te dice. Déjalas en remojo. ¡Y profundiza más! Estudia el contexto del versículo o pasaje. Averigua sobre los antecedentes, la cultura y la historia precedente, según se aplique a cada pasaje.

¿Recuerdas cómo el chocolate oscuro ofrece tantas promesas? (¡Incluyo más adelante una receta de *Delicioso pastel de avena y chocolate oscuro [con opciones más saludables]* para tu beneficio!). Aunque nos deleitemos en su textura suave y aterciopelada, disfrutemos de su sabor y de los beneficios que esperamos recibir de una *vida de chocolate*, nos deleitamos mucho más en *las perfectas promesas* de Dios, proclamadas en su Palabra y cumplidas en Cristo. Con alegría, masticamos cada bocado de su verdad. Ésta nos llena y nos impregna como nada más puede hacerlo. **"Cuando hallé tus palabras, literalmente las devoré; tus palabras son el gozo y la alegría de mi corazón" (Jeremías 15:16).**

#7 ¡mastica!

a. Encuentra todas estas deliciosas palabras de promesa en el **Salmo 119**. Al igual que Jeremías, ¡devóralas! El salmista pide con confianza cada una de estas cosas porque el Señor **lo ha prometido** (**v 41**). ¡El Señor también nos ha prometido esas cosas a nosotras! Cuando leas cada versículo, que esas promesas se conviertan en **"el gozo y la alegría de [tu] corazón"**.

- Salmo 119: 41

- Versículo 58

- Versículo 76

- Versículo 116

- Versículo 133

- Versículo 154

b. Contextualiza cada una de las anteriores promesas en tu vida y tus circunstancias actuales y llévale cada una al Señor en oración, con la seguridad de que, al acercarte a su trono de gracia (ver **Hebreos 4:16**) en nombre de Jesús, él promete responderte según su perfecta voluntad.

Desde la primera promesa hecha a los primeros pecadores en el jardín, a Abrahán, quien recibió las promesas de Dios por fe, a Moisés, a los profetas y a todo el pueblo de Dios que anhelaba el Mesías prometido, hasta todas las promesas registradas en la Escritura, todas las promesas perfectas de Dios apuntan a aquel en el cual todas ellas se cumplen. Cristo. El Mesías. Nuestro Salvador. **"Porque todas las promesas de Dios en él [Cristo] son 'Sí'. Por eso, por medio de él, también nosotros decimos 'Amén', para la gloria de Dios"** (**2 Corintios 1:20**). *(Bocado para la memoria)*

¡Al Vivir una vida de chocolate, nos deleitamos en las perfectas promesas de Dios, proclamadas en su Palabra y cumplidas en Cristo!

ORACIÓN

Dulce súplica

Dios Padre, ¡gracias por la promesa de salvación que es mía en Cristo! Dame tu fortaleza para confiar en todas tus promesas. Gracias por los muchos placeres que tengo en mi vida, en los cuales me deleito. ¡Haz que me deleite más en ti todos los días! Haz tuyos mis deseos, Señor. En el nombre de Jesús. Amén.

Delicioso pastel (o pastelitos) de avena y chocolate oscuro (con opciones más saludables)

1 y ¼ de taza de agua hirviendo
1 taza de avena
½ taza de mantequilla (*opción más saludable:* sustituye por ½ taza de puré de manzana)
4 onzas de chocolate oscuro (al menos 70% de cacao)
1 y ½ tazas de harina (*opción más saludable:* sustituye por harina de trigo integral)
1 taza de azúcar
1 taza colmada de azúcar morena
1 cucharadita de bicarbonato de sodio (aumenta a 1½ cucharadita si usas harina de trigo integral)
½ cucharadita de sal
1 cucharadita de vainilla
3 huevos
Cubierta suntuosa de chocolate (Sesión 1; *opción saludable*: azúcar pulverizada)

Vierte el agua hirviendo sobre la avena, la mantequilla (o el puré de manzana) y el chocolate; revuelve. Deja reposar 15 minutos. Precalienta el horno a 350 grados. Engrasa y enharina un molde para pastel de 9 x 13 pulgadas (23 x 33 cm aprox.). Combina todos los ingredientes restantes, excepto la *cubierta,* con la mezcla de avena y bate hasta que esté bien combinado. Vierte la mezcla en el molde preparado. Hornea de 35 a 40 minutos. Deja enfriar. Cubre con la *Cubierta suntuosa de chocolate* (o espolvorea con azúcar pulverizada). *Pastelitos:* Vierte la mezcla en moldes para pastelitos forradas de papel y hornea de 18 a 20 minutos. Alcanza para 24.

CHOCOACTIVIDAD

Spa de chocolate

El chocolate oscuro ofrece *promesas* de salud, no solo cuando se ingiere, sino también cuando se aplica sobre la piel, como te enteraste en la sesión de hoy. Prepara esta receta para que tú y tus compañeras de grupo se mimen un poco durante o después del estudio bíblico (como alternativa, invita a otras personas al spa de chocolate y comparte una muestra de las *promesas* perfectas de Dios, leyendo selecciones del libro devocional *Una vida de chocolate,* o directamente de esta sesión. ¡Entrega también muestras de tus dulces favoritos de chocolate oscuro!). Busca en Internet recetas e ideas adicionales para el spa de chocolate.

EXFOLIANTE REFRESCANTE DE CHOCOLATE PARA MANOS Y CUERPO

1 cucharada de azúcar

3 cucharadas de cacao sin azúcar para pastelería

1 cucharadita de extracto de vainilla puro

3 cucharadas de miel

3 cucharadas de aceite de oliva extra virgen

Mezcla todos los ingredientes para formar una pasta. Frota suavemente una pequeña cantidad sobre tu piel. Enjuaga con agua tibia. ¡Deléitate con el aroma mientras este exfoliante deja la piel suave y rejuvenecida! Aplica crema hidratante de manteca de cacao si deseas. Refrigera el exfoliante restante en un recipiente plástico hermético.

SESIÓN 5

DESDE CERO

UNA MUESTRA DE CHOCOLATE

Marca todas las casillas que se apliquen a tu vida y luego haz un debate grupal:

- ☑ *Vives una vida rica en chocolate cuando te deleitas en las promesas que Dios te hace (comparte un bocado de la última sesión y también un Bocado para la memoria).*
- ☑ *Te encanta hornear desde cero utilizando verdadero chocolate.*
- ☑ *Prefieres la masa cruda para galletas a las galletas horneadas.*
- ☑ *Te han engañado con chocolate de imitación chocolate (pero no por mucho tiempo).*
- ☑ *Miras canales de cocina y buscas en Internet recetas de chocolate.*

BOCADO PARA LA MEMORIA

"Jesús dijo: 'Yo soy el camino y la verdad y la vida. Nadie viene al padre sino por mí'." Juan 14:6

Imaginate esto

Estás preparando un postre para tus invitados especiales. Quieres que sea el *mejor*. Memorable. Perfecto. Que sobresalga y deje una impresión duradera. ¡Tiene que ser de chocolate, por supuesto! Este postre debe dejarlos con ganas de comer más, mientras que satisface completamente sus paladares amantes del chocolate. ¿Tomas un atajo para esta ocasión especial? ¿Utilizas una mezcla barata para torta y la sirves con una cubierta enlatada? ¿Corres a la tienda y agarras una torta de queso del congelador? ¡Por supuesto que no! Quieres darles a tus invitados una exquisita delicia de chocolate hecha desde cero (como una *Torta de queso con glaseado de chocolate* preparada desde cero con la receta que se encuentra al final de esta sesión). No hay lugar para atajos, solo puedes usar lo mejor. Después de todo, tus invitados son dignos del tiempo, el esfuerzo, y los ingredientes especiales que le darán al postre una explosión única de sabor a chocolate rico y casero, y una textura que se derrita en la boca.

Atajos

¿Cuántas veces nos vemos tentadas a tomar atajos en nuestro camino de la fe y en la vida? En lugar de darle lo mejor a Dios, negociamos. Estamos demasiado ocupadas para orar. *¿No es suficiente con la oración de la cena?* Inventamos excusas para no dedicarle tiempo al estudio de la palabra de Dios. *¿Por qué leer la Biblia, si obtendré lo que necesito en el sermón del domingo?* En lugar de darle lo mejor a la gente, negociamos. Tomamos atajos. *¿Por qué hacer un esfuerzo adicional por mi jefe? Si tomo algunos atajos en el trabajo, nadie se dará cuenta. ¿Por qué leer el texto que el profesor me asignó si hay una versión resumida en línea? Si finjo que estoy escuchando a los niños puedo hacer listas mentales y lograr el doble. Dije que iba a orar por ella. ¿No es eso suficiente? No tengo tiempo para ayudarle.* Esto es solo una muestra de nuestros muchos atajos.

¿Damos en realidad lo mejor de nosotras en la adoración, el trabajo y el servicio a nuestro Señor, y cuidamos de nuestra familia y nuestros amigos cuando tomamos el camino del menor esfuerzo, el atajo?

#1 ¡mastica!

a. Dale un vistazo a **Marcos 12:30–31** y **Colosenses 3:23–24** para aprender lo que el Señor desea de nosotras con respecto a estos asuntos. ¿Qué ideas recibes al meditar en estos pasajes y reflexionar sobre tus atajos?

b. ¿Qué entiendes de la repetición de **Marcos 12:30–31**? ¿Cuánto debemos dar de nosotras mismas cuando amamos, cuando trabajamos? ¿Qué aprendemos en **Colosenses 3:23–24** sobre el servicio y las recompensas? ¿Cómo podría marcar una diferencia en nuestro trabajo el hecho de saber esto?

Jesús dijo que debemos amar al Señor con todo nuestro ser y amar a los demás como a nosotras mismas. Debemos trabajar de corazón cuando recordamos que, cuando les servimos a los demás, le estamos sirviendo al Señor Jesucristo. ¡Eso es mucho pedir! Seguir las órdenes de Jesús no deja lugar para atajos, ¿verdad? Y eso nos es posible *solo* porque él nos amó primero (dale un vistazo a **1 Juan 4:19**). Dios demostró la magnitud de su amor enviando a un Salvador para que muriera por nuestros atajos, nuestras excusas, y nuestra intención de negociar cuando nos conformamos con no hacer nuestro mejor esfuerzo. Alabado sea Dios porque él dio lo mejor de sí cuando nos dio a Jesús, cuando nos dio la victoria sobre el pecado y la muerte, cuando nos dio una vida nueva en él. ¡Su Espíritu nos fortalece y el evangelio nos libera para que hagamos nuestro mejor esfuerzo!

Ahora imagínate esto: Esta vez no estás preparando un exquisito postre de chocolate. Estás sacando tiempo para compartirlo con el Señor, el invitado más especial, y quieres darle lo mejor de ti. Cuando el Espíritu Santo obra con poder por medio de la Palabra, deja una impresión duradera en ti. Cuando saboreas las Escrituras, anhelas más, aunque ya estés totalmente satisfecha. *Eso es vivir una vida de chocolate desde cero.* Es darles lo mejor de ti a Dios y a todas las personas que él coloca en tu mesa de postres. ¡No ves la hora de tener invitados para compartir lo mejor de ti también con ellos!

DATO CURIOSO SOBRE EL CHOCOLATE

El equivalente en inglés de la locución "desde cero" (*from scratch*) se deriva de un término que se usaba a finales del siglo 18 para referirse a una línea hecha en el suelo para marcar el punto de partida en los eventos deportivos. Desde ahí, su significado evolucionó hasta convertirse en "de la nada o desde cero", y cada vez se utilizó más como un término de cocina después de la creación de las mezclas en caja y los alimentos empacados. Ser preparado "desde cero" significa que una creación culinaria es totalmente casera, con ingredientes crudos, no una mezcla.

PRUEBA UN POCO
¿Dónde tomas atajos?

PRUEBA OTRO POCO
¡Imagínate dedicar un tiempo y un lugar todos los días para reunirte con tu invitado más especial! ¿Dónde podría ser? ¿Qué ingredientes de calidad llevarías contigo? ¿Una Biblia? ¿Tal vez un diario? ¿Un libro de devociones? ¿Un bolígrafo?

¡No a las imitaciones!

Cuando preparas recetas desde cero, y haces tu mejor esfuerzo, solo usas ingredientes verdaderos y de calidad, ¿cierto? ¡El chocolate barato o de imitación está prohibido! Las chispas con sabor artificial a chocolate tampoco sirven como sustituto para preparar bombones semidulces de calidad. No hay sustituto para las cosas verdaderas. Una prueba, un bocado, y tus invitados sabrían que han sido engañados. ¿O no? Solo se nota la diferencia cuando se ha probado el ingrediente verdadero. Si una persona nunca ha probado el chocolate auténtico, puede dejarse engañar con una imitación barata, empacada hábilmente para suplantar al verdadero.

Así como los bocados de imitación son bastante realistas, las religiones alternativas diferentes a la fe cristiana también pueden tener un atractivo inicial. Quizá se ven bastante realistas; incluso tal vez hacen afirmaciones seductoras. Las enseñanzas del cristianismo quizá parezcan ofensivas para oídos que quieren escuchar que "todos los caminos conducen al cielo", que se puede sustituir una religión mundial por otra. Pero la Biblia dice que no hay sustitutos. ¡No a las imitaciones! Jesús es el único camino. ¡Solo Jesús satisface nuestra necesidad de un Salvador! En **Juan 14:6, Jesús dijo: "Yo soy el camino y la verdad y la vida. Nadie viene al Padre sino por mí."**

#2 *¡mastica!*

Los apóstoles —testigos presenciales del ministerio, la muerte, y la resurrección de Jesús— difundieron con valentía las buenas noticias, y la iglesia primitiva creció exponencialmente. **Lee Hechos 4:12** y anótalo aquí. ¿Qué proclama con vehemencia el apóstol Pedro y cómo eso es un paralelo de las palabras de Cristo en **Juan 14:6**, que ya mencionamos?

Aunque el chocolate barato de imitación realmente no le hará daño a nadie, incursionar en religiones alternativas o creer afirmaciones falsas sobre el cristianismo sí lo hará. Incluso, nuestra cultura quiere mezclar las religiones del mundo, acogiendo alguna verdad cristiana mientras también se adhiere a las enseñanzas y creencias de religiones diferentes a la única fe verdadera. ¡Pero la palabra de Dios no da espacio para mezclar! Las otras religiones del mundo no son caminos alternativos al cielo, ni a la salvación, ni a la eternidad con Dios. Sin Cristo, los seres humanos enfrentan la condenación eterna y la separación de él. Muchos quizá intentan engañarnos hablando sobre Cristo, pero tergiversando sus palabras, tratando de convencernos de que debemos ganarnos la salvación. Algunos rechazan su muerte y resurrección, e incluso niegan que él es hijo de Dios y afirman, por el contrario, que fue simplemente un hombre o un profeta.

Cuando Jesús nos enseña sobre el fin de los tiempos, comienza por advertirnos a los creyentes que no nos dejemos engañar. **"Cuídense de que nadie los engañe. Muchos falsos profetas se levantarán, y engañarán a muchos" (Mateo 24:4, 11)**.

#3 *¡mastica!*

Pablo les hace advertencias específicas a los cristianos en **Hechos 20:29–30**; **2 Corintios 11:13–15**; **Gálatas 1:6–9**; y **2 Pedro 2:1–3**. ¿Qué advierte Pablo que va a suceder o ya está sucediendo?

¡Sé una bereana!

Debemos ser cautelosas con las afirmaciones que escuchamos. "¡Sean bereanas!", seguramente nos diría el apóstol Pablo si estuviera aquí hoy. Mientras hacía sus viajes misioneros y le predicaba el evangelio de Jesucristo a la gente, él notó algo especial sobre los bereanos.

#4 ¡mastica!

Lee **Hechos 17:10–12**. ¿Qué le llamó la atención a Pablo sobre los bereanos? ¿Qué fue lo noble que notó en ellos? ¿Cómo se puede ver, por la respuesta de la gente, que el mensaje de Pablo que proclamaba a Cristo como el Mesías prometido realmente cumplió las profecías del Antiguo Testamento?

Sería sabio que hoy en día hiciéramos lo que los bereanos hicieron entonces. Debemos poner a prueba todo lo que escuchamos hoy contrastándolo con la palabra de Dios, la Escritura. Eso se refiere a mantener nuestros oídos abiertos a las afirmaciones de imitación que se transmiten por televisión, Internet, libros, música e incluso en las iglesias. Si no sabemos lo que dice la palabra de Dios, cualquier cosa nos puede hacer caer.

#5 ¡mastica!

Ninguna de nosotras quiere ser engañada. Para "ser bereanas" y poner a prueba todo con base en la Escrituras, debemos estudiar la Palabra y aprender de ella. ¿Cómo nos anima la palabra de Dios en el **Salmo 119:9–16** y **Colosenses 3:16** a permanecer fuertes en la única fe verdadera?

La Biblia no es solo la palabra inspirada de Dios, sino también es un medio por el cual él nos da su gracia. El Espíritu Santo obra poderosamente mediante la Palabra, creando y aumentando la fe, impartiendo verdad y guiándonos a una mejor comprensión. La Biblia nos dice que seremos salvas solo por la fe en Cristo, el hijo de Dios, nuestro Salvador. Dios nos salvó, no por obras, sino solo por gracia, mediante la fe. Ésa es la verdad del evangelio en la que nos apoyamos (ver nuevamente **Efesios 2:8–9**). ¡Alabado sea Dios por su don gratuito de la fe y la salvación en Cristo!

#6 ¡mastica!

a. Dios nos dice en **1 Juan 4:1–4** que pongamos **"a prueba los espíritus"** para examinar las palabras y las acciones a la luz de la Escritura. Lee ese pasaje. ¿Qué orientación específica nos da para discernir si un espíritu es de Dios o no?

b. **El versículo 4** nos da una hermosa tranquilidad. Contextualiza esa verdad, insertando tu nombre cuando leas en voz alta (incluso juntas como grupo), ya que tú también eres su "hijita". ¿Cómo podemos vencer a los espíritus del anticristo en el mundo?

PRUEBA UN POCO

¿Has detectado recientemente afirmaciones de una fe falsa, debido a que sabías que no estaban de acuerdo con la palabra de Dios? (por ejemplo, con frecuencia en redes sociales, películas, y documentos impresos se hacen afirmaciones breves y rápidas que mencionan el nombre de Dios, pero que son contrarias a su Palabra). Describe aquí esas afirmaciones:

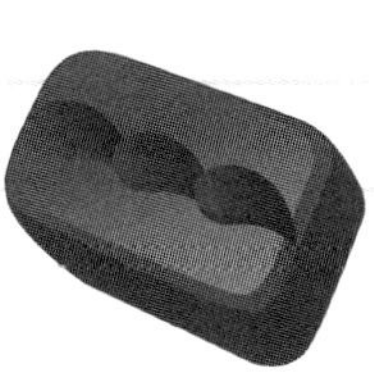

Lo verdadero

¿Recuerdas cuando hablamos del aroma, la belleza interna, y el gusto en la Sesión 2? La dulce y satisfactoria riqueza de la gracia de Dios en Cristo atrae a las personas cuando notan que él obra en nosotras. Con la ayuda del Espíritu Santo, ellas ven en *nosotras lo verdadero*. Nada artificial. Nada de imitaciones. Ven su gracia y su perdón en acción. Nuestra salvación no depende de nuestras buenas obras, como creen muchos seguidores de otras religiones, y por eso se sorprenden por la forma como los amamos. Los amamos porque el amor de Cristo y su poder obran en nosotras y nos capacitan para hacerlo. Los amamos como Jesús los ama. Se den cuenta o no, necesitan desesperadamente saber la verdad. Lo verdadero: Cristo.

> *"Al contrario, honren en su corazón a Cristo, como Señor, y manténganse siempre listos para defenderse, con mansedumbre y respeto, ante aquellos que les pidan explicarles la esperanza que hay en ustedes". (1 Pedro 3:15)*

#7 ¡mastica!

a. Elegidas en Cristo y salvadas por su gracia mediante la fe, tenemos *lo verdadero.* Pero muchas personas nunca han oído hablar de él; otras han escuchado solo confusas afirmaciones de imitación y han caído presa de falsas enseñanzas. Como dice en 1 Pedro, quizá nos pregunten por qué tenemos esa esperanza que ven en nosotras. ¿Cómo podemos estar preparadas para responderles?

b. ¿Qué es tan importante de la primera parte de ese versículo, en relación con el resto? ¿Por qué la última parte de este versículo es importante ya que también se relaciona con el resto?

La obra de Dios en nosotras nos permite ver, oler, y saborear la diferencia. ¿Qué hace diferente al cristianismo de las demás religiones? *La gracia...* la dulce y sublime gracia de Dios en Cristo.

¡Vivir una vida de chocolate—desde cero—en la única fe verdadera!

ORACIÓN

Dulce súplica

Querido Señor, lléname con el deseo de vivir una vida de chocolate desde cero. Fortaléceme con tu Espíritu para que te dé lo mejor a ti y a todos los que pongas en mi mesa. Padre, perdóname por las veces que he vacilado, escuchando las afirmaciones falsas de otros en lugar de tu verdad. Lléname continuamente con tu Espíritu y llévame a tu Palabra, para que otros sean atraídos a Cristo por medio de mí. Lo pido en su precioso nombre. Amén.

Torta de queso y chispas de chocolate con glaseado de chocolate

Corteza y relleno de la torta de queso:

- 2 tazas de migas de obleas de chocolate
- ¼ de taza de mantequilla derretida
- 3 (8-oz.) paquetes de queso crema, ablandado
- ½ taza de azúcar
- 2 cucharadas de harina
- 1 cucharadita de vainilla
- 2 claras de huevo
- 1 taza de crema de leche rica en grasa
- ½ taza de mini chispas de chocolate verdaderos, o más si deseas

Precalienta el horno a 375 grados. Partiendo *desde cero,* mezcla las migas de galleta y la mantequilla derretida; presiona hacia el fondo de un molde desmontable de 9 pulgadas. En un tazón grande, combina el queso crema, el azúcar, la harina, y la vainilla. Bate con una batidora eléctrica hasta que esté esponjoso. Agrega las claras de huevo, batiendo a velocidad baja, hasta que esté combinado. Incorpora las chispas de chocolate y la crema. Vierte la mezcla en el molde que se ha forrado con la corteza.

Pon el molde en la parrilla de la mitad del horno y ubica un molde poco profundo lleno de agua en la parrilla directamente inferior (eso evita que la torta de queso se agriete). Hornea de 35 a 40 minutos o hasta que el centro se sienta casi firme cuando se agite. No hornees en exceso. Enfría a temperatura ambiente en el molde sobre una rejilla de alambre. Afloja los costados con un cuchillo y luego retira suavemente los laterales del molde.

Deja que la torta de queso se enfríe completamente, luego cubre con *glaseado de chocolate.*

Glaseado de chocolate:

- ½ taza de *verdaderas* mini chispas de chocolate, o más si deseas
- ¼ de taza de crema de leche

Derrite los chips de chocolate con la crema en una cacerola pesada; cocina y revuelve hasta que esté espeso y suave. Inmediatamente esparce sobre la torta de queso. Cubre libremente y deja enfriar al menos 4 horas.

CHOCOACTIVIDAD

Mezcla de galletas en jarra

¡Crea y regala tus propias mezclas, hechas *desde cero* y comparte con cada destinatario lo que significa *vivir una vida de chocolate* desde cero en la única fe verdadera!

Usando la receta de *Las mejores galletas de chispas de chocolate de la historia*, de la Sesión 2, distribuye cuidadosamente en capas todos los ingredientes secos en **frasco de vidrio de boca ancha de 1 cuarto de galón** (primero mezcla la avena y ralla la chocolatina). Presiona cada capa según sea necesario para que quepan. Pon la tapa y decora con **cinta o tela**, según desees. Adjunta una **etiqueta** con la lista de los ingredientes restantes, junto con las siguientes instrucciones: *Vacía la mezcla en un tazón grande. Añade 1 taza de mantequilla ablandada, 2 huevos y 1 cucharadita de extracto de vainilla. Mezcla bien a mano. Deja enfriar por lo menos una hora o toda la noche. Con una cuchara, forma bolitas de 2 pulgadas (5 cm aprox.) de masa para hacer galletas grandes. Hornea de 8 a 10 minutos a 375 grados, o hasta que los bordes estén ligeramente dorados y el centro esté esponjoso y suave.*

SESIÓN 6

Agridulce

UNA MUESTRA DE CHOCOLATE

Marca todas las casillas que se apliquen a tu vida y luego haz un debate grupal:

- ☑ *¡Tú vives una vida de chocolate desde cero en la única fe verdadera! (comparte una muestra de la última sesión, que realmente te haya llegado y disfruta de un Bocado para la Memoria).*
- ☑ *¡Te han engañado para que pruebes chocolate amargo para pastelería (100% cacao)!*
- ☑ *Prefieres el chocolate bien oscuro (70% cacao o más).*
- ☑ *Has hecho chocolates moldeados.*
- ☑ *Prefieres los chocolates rellenos de nueces o crema a los sencillos.*

BOCADO PARA LA MEMORIA

"Ahora bien, sabemos que Dios dispone todas las cosas para el bien de los que lo aman, es decir, de los que él ha llamado de acuerdo a su propósito."
Romanos 8:28

Amargo

Desde muy joven me encantó el chocolate. Y yo sabía que había una caja grande de chocolatinas para pastelería en el armario de mi madre. ¿Se daría cuenta si yo tomaba una sola de la caja? Seguro que no. Así que un día, hurgué en los entrepaños, agarré la caja y me robé una de ellas. *¡Mmm!* Sin duda, olía a chocolate de pura verdad. Furtivamente, me lo puse en la boca y empecé a masticar. *Puf. ¡Guácala! ¡Horrible!* Tenía edad suficiente para saber que el chocolate era rico, pero era demasiado joven para no entender el significado de la leyenda "Chocolate sin azúcar para pastelería". Mi ingenua expectativa de comer algo rico y dulce fue frustrada por una explosión de inmundicia amarga y sin azúcar: ¡cacao puro al 100%! Mi pícara sonrisa fue reemplazada por una mueca arrugada de descontento, mientras trataba de enjuagarme la boca para eliminar el sabor amargo.

Cuando esperaba algo dulce, en su lugar, recibí algo amargo. La vida también es así en algunas ocasiones: Cuando tenemos la esperanza de recibir dulces bocados de felicidad, a veces recibimos pepitas amargas de dolor y sufrimiento. En nuestro pecado, nos permitimos amargarnos por las circunstancias en las que muchas veces somos sumergidas, y decepcionarnos por los efectos del mundo, que amenazan con cambiar nuestro gusto y nos dejan un sabor amargo.

¿Cómo podemos mantener una visión dulce de la vida cuando hay tanta amargura, tanta ira, tanto dolor, y tanta angustia? Los sentimientos amargos muchas veces vienen envueltos en situaciones sin dulce. Una mujer lucha contra la ira que tiene contra sus malvados compañeros que la ridiculizan por su fe. Otra no puede liberarse de sus heridas para reconciliarse con sus seres queridos. Otra vive con dolor crónico y temor por las noticias que sospecha que su médico le va a dar. Otra más sufre la angustia que le causó la pérdida del ser que más amaba.

¿Cómo sobrevivimos a esas circunstancias y muchas otras? ¿Qué hacemos cuando estamos aplastadas bajo el peso de la tristeza o el dolor? ¿Cómo podemos no amargarnos cuando nuestro corazón está herido o enojado? ¿A qué podemos recurrir para borrar el sabor amargo de nuestros problemas?

PRUEBA UN POCO

¿En qué circunstancias amargas o sufrimiento has estado *sumergida* últimamente? ¿Te ha dejado eso un sabor amargo en la boca?

Muchas de nosotras recurrimos a algo que creemos que eliminará el sabor amargo: comida, pastillas para dormir, alcohol, fantasías, juegos de azar, romances extraconyugales, chismes, compras, y mucho más. Buscamos algo que creemos que adormecerá el dolor emocional, endulzará el sabor de nuestros días oscuros o, al menos, nos distraerá de nuestra miseria. Pero ese algo nunca nos ofrece un alivio real de nuestros problemas; no puede sanar nuestro corazón desolado y, muchas veces, causa un sabor aún más desagradable. Quizá hayamos racionalizado las distracciones que hemos elegido, y tal vez hayamos tratado de encontrar una solución por nuestra cuenta, buscando ayuda a través del diálogo con nosotras mismas, pero no ha servido para nada.

¿Se puede restaurar nuestra dulzura? ¿Hay una solución real, una respuesta verdadera? Sí. Y nuestro Salvador, Jesús, tiene la respuesta. Él dice: **"Vengan a mí todos ustedes, los agotados de tanto trabajar, que yo los haré descansar" (Mateo 11:28)**. Podemos llevarle nuestro dolor y nuestra tristeza a aquel que fue a la cruz y saboreó el amargo dolor, el sufrimiento, y la muerte que deberíamos haber saboreado nosotras. **Hebreos 2:9** nos recuerda que Cristo experimentó la muerte por todo el mundo. Él conoce nuestro enojo, nuestras heridas, y nuestra angustia. Nuestro Señor compasivo siente nuestro dolor. Su sangre cubre nuestros pecados y los pecados de todo el mundo; ¡la dulce salvación es nuestra en Cristo! Jesús nos rescata y nos da *verdadero* descanso. Cuando nos apoyamos en sus brazos fuertes en lugar de esforzarnos por ganar la gracia y tratar de restaurar la dulzura por nuestra cuenta, recibimos su perdón, su sanación, y su esperanza.

#1 ¡mastica!

¿Está tu corazón desolado? ¿Enfrentas problemas? ¿Está tu espíritu quebrantado? Clama a tu Salvador, que te dice: "Ven a mí." ¡Lee el **Salmo 34:15–18** y observa lo que sucede cuando lo haces! ¿Cómo puedes responder en fe cuando parece que no estás siendo liberada de tus angustias?

#2 ¡mastica!

En medio de toda circunstancia, puedes recurrir a la Biblia y aferrarte a las palabras de tu Salvador, confiando en que te tiene bajo su amoroso control.

Recurre ya a su Palabra consoladora. ¿Cómo revela Dios en estos versículos su constante cuidado en los días ligeros y suaves y en aquellos oscuros y llenos de grumos, y especialmente en cada prueba y dificultad? Escribe palabras clave como recordatorios de cada versículo y ubícalas donde puedas verlas todos los días.

- Deuteronomio 31:8

- Salmo 73:23

- Isaías 43:1

- Sofonías 3:17

¡Supera!

Podemos descansar con la seguridad de que, incluso en medio de nuestras pruebas, tenemos un Salvador que es más grande que toda tribulación que tengamos que afrontar. Cuando Jesús estaba consolando a sus discípulos antes de su arresto y crucifixión, les dijo que, debido a que eran sus seguidores, se enfrentarían a la persecución, el dolor y las pruebas (ver **Juan 15:20**). Pero con esas palabras él incluyó una promesa: **"En el mundo tendrán aflicción; pero confíen, yo he vencido al mundo" (Juan 16:33)**.

#3 ¡mastica!

a. Las circunstancias amargas son parte del camino de toda creyente y quizás a veces sean el resultado directo cuando se burlan de nosotras y nos persiguen por nuestra fe. Como seguidoras de él hoy, no deberíamos sorprendernos cuando sufrimos a causa de Cristo. ¿Qué dice el Señor a través de Pedro en 1 **Pedro 2:19–23** y **4:12–14** sobre el sufrimiento de los cristianos?

b. ¿Qué ejemplo nos dejó Cristo para que sepamos cómo responder cuando sufrimos por nuestra fe (**1 Pedro 2:23**)? ¿Cómo podemos alegrarnos e incluso ser bendecidas cuando sufrimos de esa manera? (ver **1 Pedro 4:14**).

¡Hoy, Cristo viene a nosotras en su Palabra y los sacramentos, brindándonos su fortaleza para que *soportemos* las pruebas, las luchas y los sufrimientos, y para que finalmente los *superemos* victoriosamente, mediante aquel que venció al mundo en la cruz y la tumba vacía!

Mezclada y moldeable

A veces todo lo que vemos de nuestras circunstancias es el lugar de sufrimiento en donde vivimos; en medio de nuestras pruebas no podemos ver el resultado futuro. Pero Dios sí puede. A partir de nuestro gusto limitado, solo podemos conocer los momentos amargos, y éstos son desagradables por sí mismos.

De manera similar, el chocolate sin dulce, el azúcar, la mantequilla y la vainilla —ingredientes básicos de la pastelería— no son deliciosos manjares por sí solos. De hecho, por separado, cada uno es difícilmente comestible (¿Has intentado ingerir varias tazas de azúcar? ¿O consumir una barra entera de mantequilla, o tomado vainilla pura? Ninguno es un sabroso manjar por sí mismo). Sin embargo, cuando un chocolatero *mezcla* estos ingredientes en las cantidades adecuadas, en el orden correcto, en el momento preciso y los calienta a la temperatura perfecta, los insumos incomestibles se unen para formar un *dulce manjar de chocolate* (al final de esta sesión también te espera una sensacional receta dulce).

Dios permite que diferentes circunstancias —algunas amargas y otras dulces— *se mezclen* en nuestras vidas, en el orden que él ha establecido y de acuerdo con su tiempo (grandes trozos de una cosa, pequeñas chispas de otra).

DATO CURIOSO SOBRE EL CHOCOLATE

Fundir el chocolate es un proceso delicado. Si se calienta en exceso o si accidentalmente se le agrega humedad durante el proceso de fusión, el chocolate se daña. Súbitamente se vuelve rígido, grumoso, grueso y no se puede trabajar con él. ¿Por qué? Demasiado calor o demasiada agua hacen que los sólidos del cacao se separaren de la manteca de cacao y produzcan una pasta dura e inflexible.

El chocolate es perfectamente maleable y puede tomar cualquier forma que elija un chocolatero. Sin embargo, para crear sus obras maestras, el chocolatero debe utilizar la cantidad justa de calor para fundir el duro bloque de chocolate. Demasiado calor hace que el chocolate se ponga rígido; muy poco calor deja el chocolate demasiado duro e inflexible.

De manera similar, ¡Dios, nuestro "gran chocolatero", tiene en mente una forma especial para cada una de nosotras! Él utiliza el calor en nuestras vidas para ablandar nuestros corazones amargos, nuestro orgullo inquebrantable y nuestras actitudes obstinadas. En su sabiduría perfecta, él permite que exista la cantidad justa de calor —dolor o inquietud— para ablandarnos y hacernos ver la necesidad que tenemos de su Hijo, nuestro Salvador, quien murió para salvarnos de esos obstinados pecados y de muchos más.

A medida que él obra en nosotras, haciéndonos maleables, podemos pedirle que nos dé ojos para ver más allá de nuestras circunstancias y las situaciones similares de los demás. En lugar de preguntar "¿por qué?", podemos orar pidiendo discernimiento y preguntar: "¿Cómo voy a utilizar esto?" Pedimos más confianza para creer que él tiene un propósito que va más allá de nuestra limitada visión de ese desagradable momento. No negamos nuestras realidades amargas ni nuestro sufrimiento actual, pero con la fuerza del Espíritu, podemos confiar en que sus planes involucran mucho más de lo que ven nuestros ojos

#4 ¡mastica!

¡Adelante! Pregunta: "*¿Cómo utilizarás esto, Señor?*" Aproxímate al trono misericordioso de Dios con confianza (ver **Hebreos 4:16**). Aunque quizás él no te revele la respuesta ahora, puedes pedir más confianza y obediencia para seguir su guía, según su Palabra. ¿Qué dicen los siguientes versículos acerca de los planes y el propósito de Dios para ti? ¿Cómo te podrían guiar en tu oración hoy?

• Salmo 57:2

• Proverbios 19:21

• Isaías 55:8–9

• Jeremías 29:11

#5 ¡mastica!

a. **Romanos 5:1–5** y **Santiago 1:2–4** les hablan a nuestros sufrimientos y nuestras pruebas, los cuales pueden poner a prueba nuestra fe. Ambos pasajes comienzan con un llamado a responder de cierta manera. Por medio de estos versículos, averiguamos que nuestros sufrimientos y nuestras pruebas producen en nosotras muchas cualidades semejantes a Cristo cuando él nos ayuda en nuestro sufrimiento, y nos moldea y nos transforma mediante las pruebas. Haz una lista de esas cualidades semejantes a Cristo. Por la gracia de Dios, ¿cuándo has visto que algunas de éstas se produzcan y crezcan en ti? ¿Como resultado de qué pruebas?

b. De acuerdo con **Romanos 5:5**, ¿qué es significativo con respecto a la esperanza que se produce como resultado? ¿**En Santiago 1:3**, qué significa "paciencia"? Si "completa tu obra" (**v 4**), ¿eso significa que lograremos la perfección de este lado del cielo?

Mediante las pruebas y los sufrimientos, nuestra fe se vuelve más fuerte. **"Pero el Dios de toda gracia, que en Cristo nos llamó a su gloria eterna, los perfeccionará, afirmará, fortalecerá y establecerá después de un breve sufrimiento" (1 Pedro 5:10)**. Cedemos a su toque cuando él nos transforma y luego nos hace más fuertes de lo que éramos antes; somos confirmadas y establecidas en él. ¡Se restaura nuestra dulzura!

Bajo el cuidado del gran chocolatero, **"...sabemos que Dios dispone todas las cosas para el bien de los que lo aman, es decir, de los que él ha llamado de acuerdo a su propósito" (Romanos 8:28)**.

#6 ¡mastica!

¿Cómo podrías compartir dulcemente **Romanos 8:28** (el *Bocado para la memoria* de esta sesión) con tus propias palabras, con una persona que busca orientación y apoyo de parte del Señor en medio de una circunstancia amarga? ¿Qué podrías agregar con humildad de tus experiencias pasadas, reconociendo también que no hay dos pruebas iguales?

#7 ¡mastica!

En la revelación celestial que Dios le hizo a Juan, nuestro Señor nos da una visión de la eternidad ante su trono. ¿Cómo puede **Apocalipsis 21:3–4** darte gran consuelo en medio de todas las circunstancias desagradables que enfrentes ahora o en el futuro? (ver también **2 Corintios 4:16–18** para conocer el punto de vista de Pablo sobre su sufrimiento a la luz de la eternidad).

¡Con la certeza de la vida eterna, donde nos reuniremos alrededor de su trono de gracia, se nos da la fortaleza y la alegría para vivir a plenitud en medio de todas las circunstancias, independientemente de lo que contengan! Podemos dar **"gracias a Dios en todo, porque ésta es su voluntad para ustedes [nosotras] en Cristo Jesús" (1 Tesalonicenses 5:18).**

PRUEBA UN POCO
¿Te han ridiculizado, insultado, o perseguido por tu fe? Explica tu(s) situación(es).

PRUEBA OTRO POCO
Recuerda una época dolorosa o desoladora cuando el calor aumentó en tu vida. ¿Eso sirvió para hacerte moldeable? ¿Puedes ver otro propósito en eso?

Obras de arte moldeadas

Aunque el calor y el cambio pueden ser dolorosos y difíciles, Dios nos moldea y nos forma para convertirnos en las obras maestras que él quiere que seamos. Fuimos creadas a imagen de Dios (**Génesis 1:27**). Y nuestro gran chocolatero, por obra del Espíritu Santo, sigue moldeándonos amorosamente a imagen de Cristo, para su gloria, dándonos forma y transformándonos para que seamos más como él (**2 Corintios 3:18**).

Los chocolates moldeados más exquisitos están ingeniosamente marcados de manera única con un espiral o sello específico en la parte superior. Los conocedores saben qué hay en el interior por lo que se ve en el exterior. Como estamos moldeadas a la imagen de Cristo, la gente nos reconoce por su marca específica en nosotras. En el Bautismo, cada una de nosotras fue marcada por Cristo como su hija única y reconocible. Somos las obras maestras que él moldeó. Bien sean conocedores o no, los demás reconocen a quien está moldeado y marcado por Cristo. Nuestras palabras y acciones muestran que el Espíritu mora dentro de nosotras. Y cuando nos fundimos en las fallas, él nos perdona, nos vuelve a moldear y nos fortalece para que comencemos de nuevo. ¡Que el mundo sea atraído a Cristo por medio de nosotras, de la misma manera que atrae un chocolate moldeado fino!

Cualquiera que sea el sabor de nuestros días, nosotras confiamos en que Dios cuida todos los detalles de nuestra vida y sabemos que él puede volver dulces nuestras amargas circunstancias. El dulce amor de Cristo nos impregna y nos permite *vivir una vida de chocolate*. El Espíritu Santo nos transforma y nos da forma, haciéndonos más como Cristo. **"El que comenzó en ustedes la buena obra, la perfeccionará hasta el día de Jesucristo" (Filipenses 1:6).** Nuestro Redentor desborda su rica y dulce gracia sobre nosotras cuando continúa su buena obra en nosotras hasta el día de su regreso.

¡Al vivir una vida de chocolate somos dulces en las circunstancias amargas, por la gracia de Dios!

ORACIÓN

Dulce súplica

Señor, perdóname por enfocarme en las circunstancias amargas y no en ti, que dispones todas las cosas para bien. Ayúdame a confiar en que convertirás en dulce las situaciones amargas de mi vida. Gracias por la dulce salvación en Cristo, por elegirme y perdonarme a mí, una pecadora endurecida e inflexible. ¡Continúa ablandándome, dándome forma y moldeándome a tu imagen como tu obra maestra! En el nombre de Jesús. Amén.

Bombón de chocolate sensación: ¡Caramelo!

1 y ½ onza de chocolate sin azúcar
½ taza de leche
2 tazas de azúcar
⅓ de taza de jarabe de maíz ligero
2 cucharadas de mantequilla
1 cucharadita de extracto de vainilla

Mezcla todos los ingredientes, excepto la vainilla, en una cacerola y llévalos rápidamente a ebullición. Baja el fuego a una temperatura muy baja y cuece durante 5 minutos exactos. Retira del fuego y agrega la vainilla. Enfría y bate con cuchara de madera hasta que tenga la consistencia adecuada (el secreto de este bombón de chocolate es permitir que se enfríe antes de batir, lo que le dará una textura cremosa, no granulada). Deja caer por cucharadas sobre papel encerado; enfría y almacena a temperatura ambiente en un recipiente hermético.

PRUEBA UN POCO
¿Cómo puedes reconocer otra "obra maestra moldeada" en proceso de creación? ¿Qué tiene esa persona que la hace singular y reconocible?

CHOCOACTIVIDAD

Fabricando chocolates moldeados

Disfruta de esta maravillosa oportunidad de continuar la discusión grupal sobre ser moldeadas y formadas a la imagen del Señor. Encontrarás **moldes para bombón** y **cobertura de chocolate** en la sección de confección de dulces de muchos almacenes de manualidades y variedades.

Instrucciones: Derrite el chocolate según las instrucciones del paquete hasta que esté suave y moldeable. Vierte cucharadas de chocolate en cada molde hasta que esté lleno; golpea ligeramente sobre el mostrador para eliminar las burbujas de aire. Coloca en el refrigerador o congelador hasta que el bombón esté listo. Desmolda invirtiendo el molde sobre una superficie cubierta con papel encerado. Golpea suavemente el molde. Aparecerán obras de arte de chocolate moldeado (puedes crear otras formas, colores y sabores con una gran variedad de moldes, **mezclas dulces para derretir** y **aceites saborizantes**). Organiza los chocolates moldeados en recipientes pequeños o cajas de regalo para exhibir, compartir, y regalar. Crea una etiqueta de regalo con fragmentos de la Escritura, o crea notas en miniatura para pegarle a cada chocolate, utilizando frases como las siguientes: "¡Tú eres moldeada en Cristo!" "¡Llena del dulce amor de Cristo!" "¡Eres la obra maestra moldeada por Dios!" Idea adicional: Invita a un chocolatero para que haga una demostración de elaboración de bombones.

SESIÓN 7

Dones

UNA MUESTRA DE CHOCOLATE

Marca todas las casillas que se apliquen a tu vida y luego haz un debate grupal:

- ☑ *Tú vives una vida rica y achocolatada cuando te vuelves dulce, incluso en las circunstancias amargas, por la gracia de Dios (comparte los importantes conocimientos obtenidos en la sesión anterior y también disfruta de un Bocado para la memoria).*
- ☑ *Te encanta dar regalos alusivos al chocolate.*
- ☑ *Has guardado chocolate por tanto tiempo, que ha cambiado de color.*
- ☑ *Tienes un recuerdo especial porque recibiste un regalo de chocolate en tu cumpleaños, el día de San Valentín, Navidad u otra ocasión especial.*
- ☑ *Tienes un emblema, una camiseta o una calcomanía para el parachoques alusiva al chocolate.*

BOCADO PARA LA MEMORIA

"Ahora hay diversidad de dones, pero el Espíritu es el mismo. Hay diversidad de ministerios, pero el Señor es el mismo. Hay diversidad de actividades, pero Dios, que hace todo en todos, es el mismo." 1 Corintios 12:4–6

Regalos guardados

Cuando mis hijos eran pequeños, les encantaba recibir regalos dulces de chocolate, igual que a todos los niños. Sin embargo, desarrollaron una tendencia a acumularlos. Algunos niños devoran todos los chocolates que tiene una caja, cesta, bolsa de regalo, o media, dejando como única evidencia una gran pila de envolturas y una barriga muy adolorida. Mis hijos no. Ellos disfrutaban de uno o dos bombones y luego inventariaban y marcaban cuidadosamente sus existencias y las guardan en el estante. Luego se olvidaban de su reserva y yo tenía que quedarme mirando esa tentación de chocolate (¡Claramente estaba fuera de mi alcance, porque no tenía mi nombre en la etiqueta!).

Finalmente, mis hijos redescubrían su reserva de chocolate, que tenía meses de guardada, solo para encontrar un chocolate rancio, duro y de color extraño. El chocolate tiene una vida útil corta, y los regalos que ellos guardaban, muchas veces se echaban a perder.

¿Cuántas veces guardamos cuidadosamente los muchos ricos y espléndidos regalos de Dios, reservándolos para la oportunidad perfecta, solo para no usarlos completamente? Ponemos su Palabra en el estante. No les servimos a los demás ni llegamos a ellos. Nos rehusamos a compartir lo que tan ge

Su Espíritu Santo nos da de manera gratuita el regalo más grande de Dios —la fe— en el Bautismo y por medio de la Palabra. Ésta nos llena y nos permite creer en nuestro Salvador, Jesucristo, cuya muerte y resurrección pagaron nuestros pecados, nuestro abandono de su Palabra y nuestras muchas fallas. El Espíritu también nos da otros dones, y la capacidad y el deseo de utilizarlos, para que compartamos su gracia con los demás y empecemos a glorificarlo *ahora*. ¡Empecemos por crecer en su Palabra... *ahora*!

Creciendo

#1 *¡mastica!*

a. Lee **Efesios 4:11–16**. ¿Cuál es el papel de los pastores de la congregación y de los que cuidan ovejas, y cuál es el propósito de equipar y construir? ¿Cómo participan todos los miembros del cuerpo de Cristo en la "obra del ministerio" **(v 12)**?

b. Los dos últimos versículos de este pasaje, **versículos 15–16**, hablan del crecimiento. ¿Cómo "crecemos"? ¿Quién es la cabeza del cuerpo? ¿Qué sucede cuando todas las partes funcionan correctamente?

Como miembros del cuerpo de Cristo, somos unidas, construidas y fortalecidas por el evangelio y podemos utilizar los dones con que Dios nos ha bendecido ricamente. Cuando lo hacemos, participamos en la obra del ministerio, compartiendo el amor de Cristo en nuestras vocaciones.

Que continúes creciendo en Cristo con la guía del Espíritu. ¡Responde a su invitación amorosa de crecer en la Palabra, para que estés preparada para el servicio cristiano, usando sus buenos dones!

DATO CURIOSO SOBRE EL CHOCOLATE

El chocolate suele ser brillante, pero no asumas que se ha estropeado si la superficie adquiere un aspecto gris o blanquecino. Ese cambio exterior se denomina "proliferación de grasas" y revela que el chocolate ha sufrido cambios de temperatura. La textura y el sabor generalmente se afectan solo un poco.

Regalos de Dios

Todo lo que poseemos es un regalo de Dios, otorgado por su gracia para que lo utilicemos para beneficiar a los demás y para glorificarlo a él. Nuestros dones son los instrumentos mediante los que llegamos a compartir la dulce gracia de Dios con otros creyentes y con quienes necesitan escuchar de su amor salvífico.

#2 ¡mastica!

Lee **1 Pedro 4:10–11**. ¿De qué manera los dos dones específicos mencionados ahí abarcan muchos de los dones que podemos poseer? ¿Qué aprendemos acerca del uso de cada don?

#3 *¡mastica!*

Dios nos proporciona una breve imagen de la gran variedad de sus dones en el *Bocado para la memoria* de esta sesión: **1 Corintios 12:4–6**. Echa un vistazo y toma nota del poder que hay en la triple repetición de dos verdades importantes. ¿Qué es diferente y qué es igual? Contextualiza esto en tu propio papel como miembro del cuerpo de Cristo.

Ingredientes vitales

Nuestras recetas favoritas de chocolate contienen una gran variedad de ingredientes. Tomemos como ejemplo mi muy querida *Pizza de Brownie de triple Chocolate Rocky Road* (la receta está al final de esta sesión). Ésta no puede satisfacer plenamente mis deseos si falta solo un ingrediente, porque cada uno desempeña un papel especial en la fabricación del todo. De antemano, sé que me deleitaré con un postre que contiene chispas de chocolate, nueces y malvaviscos, rematado con un rocío de chocolate. Pero, aunque esos ingredientes son los que más se notan, su contribución no es ni más ni menos significativa que la de otros ingredientes. Bajo los sabrosos ingredientes que coronan la pizza se encuentra la base de brownie, que contiene varios ingredientes vitales. ¿Sin azúcar, dónde encontraría la dulzura? Una pizca de vainilla y una cucharada de cacao agregan explosiones de sabor. La harina y la mantequilla le dan a la pizza una consistencia suave y esponjosa. No veo los huevos, pero si se omiten, la mezcla no se une ni crece igual. Sin todos y cada uno de los ingredientes, no sería la pizza de brownie que pretendía ser.

¿Alguna vez has pensado que tú misma eres un ingrediente vital? ¡Lo eres! ¡Eres miembro indispensable del cuerpo de Cristo!

#4 *¡mastica!*

Teniendo en mente el postre de pizza, lee **1 Corintios 12:12–25**. Ahora estudia el pasaje despacio, insertando la referencia del (los) versículo(s) a los que aludiré en los siguientes divertidos ejemplos. Cuando lo hagas, imagínate el cuerpo de Cristo y a cada miembro como parte vital del mismo.

- Aunque la harina dijera que, como no es una chispa de chocolate, no es parte de la pizza, no deja de ser parte de la pizza.

- Si todos fueran un solo ingrediente, ¿qué sería del postre de pizza?

- ¡Hay muchos ingredientes, pero es una sola pizza!

- Todos los ingredientes de la pizza se cuidan unos a otros de igual manera.

Cualquiera que sea tu papel, éste es indispensable para el cuerpo como un todo. Dios otorga dones y los ubica donde mejor le parece **(v 18)**. Éstos nos pueden parecer desproporcionados (a veces parece que las chispas de chocolate acaparan toda la atención), pero, aunque no podamos ver el panorama ni el resultado final, Dios sí puede. Tal vez los demás noten tus dones, o quizás éstos se mezclen con los que prestan su servicio detrás de escena. Quizá tu papel en el cuerpo de Cristo, al igual que los ingredientes mezclados en la base de brownie del postre de pizza, es agregar dulzor, sabor o consistencia. ¡Cada miembro del cuerpo, independientemente de su papel, trabaja para *mantenerlo* unido! Dios utiliza cada uno de los ingredientes que eligió para su propósito y su gloria.

Usando los buenos dones de Dios

"Toda buena dádiva y todo don perfecto descienden de lo alto, del Padre de las luces, en quien no hay cambio ni sombra de variación" (Santiago 1:17). Cuando hablamos de ser buenas administradoras (mira otra vez 1 Pedro 4:10) de los buenos dones que Dios nos ha dado por su gracia, podemos referirnos a sus dones como *tesoros, tiempo,* y *talentos.* Ser administradoras es utilizar los dones buenos y perfectos que Dios nos ha dado, según su voluntad y compartirlos con los demás.

PRUEBA UN POCO

Reflexiona en algunos de los rasgos de personalidad, habilidades y talentos que tú posees. ¿Qué te viene primero a la mente? ¿Y cómo están estos empacados de manera única dentro de tu entorno, tu familia y tus circunstancias?

Tesoros

Quizá tú hayas sido bendecida con tesoros materiales que puedas compartir como expresión del amor de Dios, con quienes tienen necesidades, y para ayudar en el crecimiento del reino de Dios. Tal vez tus recursos puedan ayudar a una iglesia local o una organización ministerial, o apoyar a un niño necesitado o a una misión al otro lado del mundo. ¿Podrían tus tesoros contribuir a llenar una despensa de alimentos? ¿Has sido bendecida con ropa o muebles que podrías regalarle a un vecino que los necesita o a una organización que llega a quienes necesitan volver a empezar? ¡Dios obra por medio de nuestras humildes ofrendas para llevarle el mensaje de salvación al vecino *y* a todo el mundo!

#5 ¡mastica!

a. Vuelve a **2 Corintios 9:7–8**. ¿Qué dice el **versículo 7** sobre la actitud de nuestros corazones cuando compartimos nuestros tesoros? ¿Cómo podemos dar con alegría?

b. ¿Por qué es tan importante la repetición de la palabra "toda" en el **versículo 8**? ¿Cómo obra Dios y qué pasa en nosotras y por medio de nosotras como resultado?

Tiempo

A todas se nos da el regalo del tiempo, ¡aunque muchas de nosotras nos preguntamos qué pasa con él! Es fácil imaginarnos que guardamos nuestros tesoros, pero ¿y el tiempo? Cuando usamos el tiempo con sabiduría o decidimos usarlo solo para propósitos egoístas, no usamos ese regalo de Dios como él quiere. Lo alabamos por su gran don de gracia, que continúa derramando sobre nosotras, incluso si hemos almacenado cualquiera de sus buenas dádivas (tesoros, tiempo o talento), y buscamos que su fortaleza nos guíe y nos capacite para volver a dar.

#6 *¡mastica!*

En **Efesios 5:16** y **Colosenses 4:5** se nos anima a hacer algo que tiene que ver con nuestro tiempo. ¿Qué es? ¿Cómo puedes hacer esto cuando reflexionas en tus relaciones, interacciones, y oportunidades, y cuando éstas se entrelazan con el deseo de Dios de que impactes el mundo para Cristo? Debate.

Utiliza el precioso don divino del tiempo en tu iglesia y tu comunidad, en tu casa y en la escuela. Averigua dónde se necesita el servicio en los ministerios locales o en misiones en los Estados Unidos o el exterior. Por su gracia, puedes *aprovechar bien el tiempo* para el bien de los demás y el avance del evangelio. Cuando des el don de tu tiempo, Dios te usará para impactar la vida de los demás de manera eterna e inmediata.

Talentos

Dios le ha dado talentos, habilidades y personalidades únicas a cada una de nosotras. Imagínate una enorme caja de chocolates surtidos. Cada bombón está relleno de algo delicioso y diferente. Del mismo modo, Dios nos llena de rasgos de personalidad y aptitudes que eligió creativamente para su propósito especial. Quizá todavía no los hemos descubierto todos. ¡Nos esperan muchas aventuras al explorar y descubrir los talentos y dones que Dios nos ha dado!

Tú tienes una forma y un sabor únicos, que fueron creados a partir de un grupo de ingredientes que Dios usó solo para ti. Y tu vida está empacada como ninguna otra.

Romanos 12 nos da una lista de dones y, una vez más, vemos la imagen de un solo cuerpo y sus muchos miembros con diversas funciones y dones.

#7 *¡mastica!*

a. Lee **Romanos 12:4–8** y anota la lista de dones. Todas tenemos oportunidades únicas y específicas (usando nuestros talentos, nuestros tesoros, y nuestro tiempo) que caben dentro de esos muchos y amplios dones, según su gracia. Encierra en un círculo uno o más dones de **Romanos 12** que te lleguen personalmente, con base en las respuestas que diste cuando se te hizo la pregunta de *Prueba un poco* anteriormente.

b. Ora, medita, y dialoga cómo se pueden utilizar esos dones. Comparte las ideas con tu grupo. Sé específica. Por ejemplo, si tu don es el liderazgo, ¿dónde se implementa o podría implementarse? ¿En calidad de qué? ¿Para qué y con quién?

¿Y los dones y talentos que has tenido miedo de utilizar? No los dejes guardados en el estante; resístete a la idea de que debes guardarlos o almacenarlos. ¡Cuando tú, u otras personas, reconoces un don que tienes, pregúntale a Dios cómo quisiera que lo usaras *ahora mismo*!

- Piensas en la persona que has notado que necesita llevar comida al hogar y tú eres una dadora generosa. Da un paso adelante. No esperes.
- O quizás tienes una familiar o amiga que necesita aliento y eres una buena oyente. Ve a buscarla ya. Ora por ella y ofrécele orar con *ella*.
- La iglesia está buscando voluntarias para enseñar, y te encanta compartir la palabra de Dios. No tengas miedo de darle una oportunidad a la enseñanza.
- Acaban de anunciar una oportunidad misionera de corto plazo, y el equipo está en busca de otra persona para servir. Te encantan los retos y servir te encanta. ¡Averigua!

A diferencia del chocolate, que tiene una corta vida útil, los dones que Dios nos dio, aunque estén guardados o almacenados, no se estropean. Pero si no los usamos, no benefician a los demás. Las otras personas se perderán de las ricas bendiciones y la gracia de Dios que podrían recibir a través de nosotras. ¡Que nosotras, como miembros del cuerpo de Cristo, les sirvamos a los demás, les demos con generosidad, y lleguemos a ellos en su nombre, usando los dones que Dios nos dio! ¡A él sea la gloria!

¡Al vivir una vida de chocolate, usamos los buenos dones de Dios!

ORACIÓN

Dulce súplica

Amado Dios, por favor perdóname porque muchas veces almaceno y reservo tus ricos y abundantes dones y no los uso para tus propósitos. Dame el deseo de crecer en tu Palabra y en la unidad de la fe como miembro —un ingrediente vital— del cuerpo de Cristo. Muéstrame cómo y dónde puedo utilizar mis muchos dones hoy para beneficio de los demás y para tu gloria. En el precioso nombre de Jesús. Amén.

PRUEBA UN POCO

Piensa en los muchos tesoros que posees y en cómo puedes compartirlos en el nombre de Cristo para ayudar a los demás y mostrarles su amor. ¿Qué necesidades te han llamado la atención? ¿Cómo y dónde puedes compartir los tesoros que Dios te ha dado con quienes tienes cerca? ¿lejos?

PRUEBA OTRO POCO

¿Cuándo y dónde has dejado de lado, guardado, almacenado algunos de los dones de Dios, sin usarlos como sabes que deberías?

Pizza de brownie de triple chocolate Rocky Road

1 y ⅓ de taza de harina

2 cucharaditas de vainilla

2 tazas de azúcar

12 oz. (2 tazas) de chispas de chocolate de leche, divididas

¾ de taza de cacao para pastelería sin azúcar

2 tazas de malvaviscos en miniatura, divididas

1 cucharadita de polvo de hornear

½ taza de nueces picadas en trozos grandes

½ cucharadita de sal

¾ de taza de chispas de chocolate blanco

⅔ de taza de aceite vegetal

1 cucharada de mantequilla

4 huevos, ligeramente batidos

Precalienta el horno a 350 grados. Corta papel encerado para que encaje en un molde o piedra para pizza de 15 pulgadas (38 cm aprox.). Combina la harina, el azúcar, el cacao, el polvo de hornear y la sal. Reserva. Combina el aceite, los huevos y la vainilla; agrega a los ingredientes secos. Incorpora 1 taza de chispas de chocolate y 1 taza de malvaviscos. No mezcles en exceso. Extiende la masa en el molde que preparaste o en la piedra para pizza. Espolvorea por encima la taza de chispas de chocolate, la taza de malvaviscos, y las nueces picadas restantes. Hornea entre 20 y 25 minutos; deja que se enfríe. Derrite las chispas de chocolate blanco y la mantequilla en una cacerola a fuego lento. Rocía sobre la pizza que se ha dejado enfriar. Deja que repose. Corta y sirve. *¡Cuando saborees cada bocado, maravíllate con la forma como cada ingrediente vital contribuyó para crear toda la pizza!*

CHOCOACTIVIDAD

¡Tu personalidad de chocolate!

Mientras Dios sigue revelándote los regalos únicos y sorprendentes que te ha dado para el bien de los demás, y para su gloria, reflexiona en el papel que desempeña tu personalidad en la expresión y el uso de sus dones. ¿Eres de la variedad rellena de nueces? ¿quizá licor de cereza? ¿suave caramelo o una rica trufa? Cuando reflexionamos en los rasgos de personalidad con los que Dios nos ha rellenado, podemos comprender mejor y cumplir con los fines que él tiene para nosotras, usando esos rasgos únicos para compartir su amor con los demás. Aunque lo siguiente no es una prueba de personalidad verdadera, sí da una idea de los tipos de personalidad primarios, *al estilo del chocolate,* para que puedas examinarte. Encierra en un círculo los más sobresalientes en ti y coméntalos todos, y cómo se aplican de manera menos obvia (puedes estar "rellena" de un poco de cada uno, pero probablemente uno o dos predominen). Pídele retroalimentación a todas las mujeres de tu grupo y a otras personas que te conozcan bien.

Relleno de nueces = laboriosa; trabajadora. Como la ardilla diligente que almacena la comida para el invierno, llenando los árboles de nueces, esta personalidad "no tan loca" trabaja de forma diligente y eficaz detrás de escena; hace el trabajo. Es organizada y también presta atención al detalle.

Licor de cereza = leal; complaciente. Desempaca este bombón especial para encontrar un gran corazón rojo (cereza). Esta personalidad misericordiosa siempre está pensando en los demás; le encanta quitarse el pan de la boca si alguien lo necesita. Puedes contar con ella en momentos de necesidad.

Relleno de caramelo = extrovertida; comunicadora. Como un chocolate espeso y masticable, relleno de caramelo (del tipo que tienes que masticar y masticar), esta personalidad siempre mueve la boca para comunicarse libremente y con amor con todas las personas que tiene a su alrededor. Jovial y extrovertida, le encanta la compañía de otras personas.

Trufas oscuras rellenas = motivadora; líder. El sabor fuerte y marcado de una trufa de chocolate oscuro hace de este bombón el equivalente perfecto de esta personalidad dominante. Muerde en el centro y tu paladar despierta y presta atención. Mediante sus palabras y acciones, y con su ejemplo, ella guía bien a los demás.

SESIÓN 8

DULCE RENDICIÓN

UNA MUESTRA DE CHOCOLATE

Marca todas las casillas que se apliquen a tu vida y luego haz un debate grupal:

- ☑ *Tú vives una vida dulce y achocolatada cuando usas los buenos dones que Dios te ha dado (comparte una pepita de conocimiento que hayas adquirido en la última sesión y disfruta de un Bocado para la memoria).*
- ☑ *Te rindes con regularidad al dulce llamado de tu creación favorita de chocolate.*
- ☑ *El/la ______________ de chocolate te parece irresistible (llena el espacio en blanco con tu creación favorita de chocolate).*
- ☑ *Tu coche frena en la heladería o pastelería más cercana.*
- ☑ *Cuando alguien dice: "Eso es pan comido", se te hace agua la boca.*
- ☑ *Vives una vida chocolate de dulce rendición ante tu Salvador (sigue leyendo...).*

BOCADO PARA LA MEMORIA

"Porque Dios es el que produce en ustedes lo mismo el querer como el hacer, por su buena voluntad." Filipenses 2:13

Dulce rendición

Acabo de subir mi banderita blanca. ¿La ves? La estoy agitando débilmente frente a ti, para adelante y para atrás. Ya resistí bastante tiempo y, finalmente, me rindo. Me doy por vencida. Tú ganas. Se me acabó la resistencia. No soy digna rival tuya, irresistible *brownie de chocolate que se derrite en la boca* (si comenzaste a salivar solo con escuchar el nombre, no te preocupes. La receta está incluida en esta sesión). Abandono toda mi resistencia, toda mi fuerza de voluntad, todos mis planes de dieta y corro hacia ti, tenedor en mano. ¡Ay, pero es una dulce rendición! *Mmm, ¡deliciosa!*

Me rindo ante el chocolate en cualquier forma, sabor o variedad cuando me lo ofrecen. Y cuando empiezo, ¡no puedo parar! *Solo uno, gracias. Bueno, solo uno más. ¡Ay no! No puedo creer que me los comí todos,* ¡otra vez! ¿Por qué no puedo resistirme?

Yo sé lo que quiero hacer: tomar un pequeño bocado para hacerles cosquillas a mis papilas gustativas, deleitarme con los manjares más finos y disfrutar de un bocado paradisíaco de chocolate. Después de todo, el primer bocado es el más satisfactorio, pues complace a mi paladar amante del chocolate con una sensación de sabor que no es tan fuerte como los bocados siguientes. El chocolate es bueno con moderación, así que ¿por qué sigo comiendo? Sé lo que *no* quiero hacer: auto complacerme en exceso.

Todas tenemos debilidades y tentaciones contra las que no podemos valernos por nosotras mismas. Quizá nos rendimos ante los chismes o la gula. Tal vez nos damos por vencidas ante la presión de los pares, la envidia o la avaricia. Posiblemente, luchamos contra una adicción a algo que nos perjudica a nosotras y a quienes amamos. ¿Y la autocomplacencia exagerada? Quizá no tengas dificultades con el consumo exagerado de chocolate, pero ¿qué dices sobre gastar en exceso, jugar demasiado en línea, trabajar desmesuradamente u otro tipo de vulnerabilidad?

PRUEBA UN POCO

¿A qué debilidades o tentaciones aparentemente irresistibles cedes o te rindes? ¿Hay áreas de autocomplacencia excesiva contra las que luchas?

#1 ¡mastica!

Queremos tener autocontrol y estar vigilantes en todas las áreas de nuestras vidas. Por el contrario, muchas veces somos autocomplacientes e incapaces de resistirnos ante el chocolate y ante muchas otras cosas. Lee **1 Pedro 5:8–9** donde se encuentra advertencia, instrucción y seguridad para los creyentes. Con base en estos versículos, ¿cuáles son algunas de las formas en que el diablo trata de hacernos daño? ¿Cómo podemos resistirlo? (ver también **Efesios 6:10–8** donde se encuentra más advertencia e instrucción detallada).

Nuestros pecados nos separan de Dios y de la relación que él desea tener con nosotras. Aun así, él nos ama, a pesar de nuestras comilonas, nuestras autocomplacencias, y nuestra pérdida de dominio propio. Estas cosas fueron clavadas en la cruz con Cristo, y su muerte y resurrección nos dan la victoria final sobre ellas y restablecen nuestra relación con el Padre (ver **Colosenses 2:13–15**). No debemos temerle al que amenaza con devorarnos. Con humildad nos sometemos a nuestro Salvador y caminamos en su Palabra, donde el Espíritu Santo nos llena de poder para no solo resistir al diablo, quien huye (**Santiago 4:7**), sino también para recibir seguridad y fortaleza en nuestra nueva vida en Cristo, firmes en nuestra fe.

#2 ¡mastica!

En **Efesios 4:17–32**, el apóstol Pablo nos enseña sobre la nueva vida que tenemos en Cristo, en contraposición a la anterior forma de vida carente de fe. Él contrasta la *vieja naturaleza* con la *nueva naturaleza.* Por la gracia de Dios mediante la fe en Cristo, nos rendimos ante él; nos despojamos de la vieja naturaleza y nos revestimos de la nueva. Hemos sido renovadas en el Bautismo *y* somos renovadas continuamente todos los días por la obra del Espíritu en nosotras. Lee este pasaje y haz dos listas: una que defina la *vieja naturaleza*, y la otra, que defina la *nueva naturaleza*, nuestra nueva vida, en la que fuimos creadas a semejanza de Dios.

Sabemos que la verdad está en Jesús (**v 21**). Habiendo sido elegidas y cambiadas por él, no queremos ser codiciosas, deshonestas ni difamadoras. ¡No queremos tener *nada* que ver con la vieja naturaleza! Sin embargo, cuando miramos estas listas, con demasiada frecuencia vemos dónde hemos pecado, hemos caído en la vieja naturaleza y no hemos resistido a la tentación: es decir, nos hemos entregado a nuestra naturaleza humana. Ten por seguro que puedes confiar en la obra salvadora del Espíritu en tu Bautismo y por medio de la Palabra. Aquel que te redimió y te llena del deseo de ser como Cristo también te está transformando a su semejanza (¿Recuerdas la obra maestra moldeable de la Sesión 6?). Al igual que el salmista, podemos clamar a Dios con un corazón arrepentido, sabiendo que su gracia nos cubre cuando él nos da la fortaleza para vivir nuestra nueva vida en Cristo, rendidas ante él.

#3 ¡mastica!

El Señor conoce tu corazón y tus pensamientos. Él conoce tus debilidades y tus luchas. Llévaselas al Señor en oración con el **Salmo 139:23–24**, ya sea sola o en voz alta en grupo. Después de la oración, lee **2 Corintios 12:9–10**. El apóstol Pablo tenía una debilidad específica. Todos la tenemos. ¿Qué dice Dios sobre nuestra debilidad y su poder? ¿Cómo puede ayudarte el saber esto cuando reflexionas sobre las tentaciones ante las que muchas veces te rindes?

¿Recuerdas la banderita blanca de rendición? Tal vez podamos aplicar las palabras de mi achocolatada anécdota de rendición cuando reconocemos que el poder de Dios se perfecciona en nuestra debilidad. Con su fortaleza, le respondemos: "¡Nos rendimos!" *Nos damos por vencidas.* Renunciamos a nuestros débiles intentos de ser lo suficientemente fuertes por nuestra cuenta, a todos los esfuerzos inútiles para hacer buenas obras gracias a nuestra propia fuerza. *¡Tú ganas, Señor!* Tú ganaste la salvación para nosotras cuando derrotaste al pecado, a la muerte, y al diablo. ¡Porque tú ganas, nos das la vida eterna en Cristo! *Se nos acabó la resistencia.* Mediante el poder del Espíritu, ya no nos resistimos a tu guía, sino que la seguimos con agrado. ¡En nuestros pecados, *no somos dignas rivales para ti* en tu santidad, pero tú eliminaste nuestro pecado y nos hiciste santas en Cristo! *Sometemos todos* nuestros malos pensamientos y caminos a los tuyos, que son perfectos. Jesús: *tú corres hacia nosotras* con los brazos extendidos. Llenas con tu Espíritu, cedemos a tu toque de amor. ¡Realmente, esto es una *dulcísima rendición*!"

¡No puedo esperar!

¡Tengo antojos de chocolate *ya!* ¡No puedo esperar! Date prisa, estaciónate en la chocolatería o pastelería más cercana. La estación de gasolina más cercana será suficiente. ¿Qué? ¿Hay fila para pagar? ¿Eso significa que tengo que *esperar* para tener lo que quiero *en este preciso instante?*

En casa, ubico estratégicamente el plato de confites en el camino entre la cocina y la sala de estar, y agarro un puñado cuando paso por ahí (de ida y de vuelta). ¿Qué? ¿El plato de confites está vacío? ¿Tengo que *esperar* a comprar más? ¡Pero quiero comer *ahora mismo*! ¡No puedo esperar!

¿Alguno de mis antojos de comer chocolate *inmediatamente* realmente me proporciona la satisfacción que busco? ¿O simplemente me llena de calorías, que podría haber reservado para después comerme algo sensacional, como un postre especial de chocolate el próximo fin de semana o una visita a la heladería mañana?

¿Cuántas veces somos impacientes en la vida y preferimos la gratificación inmediata, en lugar de esperar algo mejor? Nuestra cultura nos dice que agarremos lo que anhelamos *ahora mismo.* Que gastemos de más ahora y nos preocupemos después por el pago de la tarjeta de crédito. Que comamos en exceso ahora y nos preocupemos después por la indigestión. Que hagamos lo que sentimos que está bien ahora y que después nos trasnochemos por las consecuencias. La gratificación instantánea es la regla, sin importar los resultados.

DATO CURIOSO SOBRE EL CHOCOLATE

¿Sabías que el chocolate sólido, el que adorna nuestros platos dulces de hoy, no existía hasta mediados del siglo XIX? Durante cientos de años, el chocolate se consumía en forma de bebida amarga. Eventualmente se le añadió azúcar para obtener una bebida dulce. Finalmente, en la década de 1850, un inglés experimentó añadiendo más manteca de cacao en lugar de agua y creó el primer chocolate sólido.

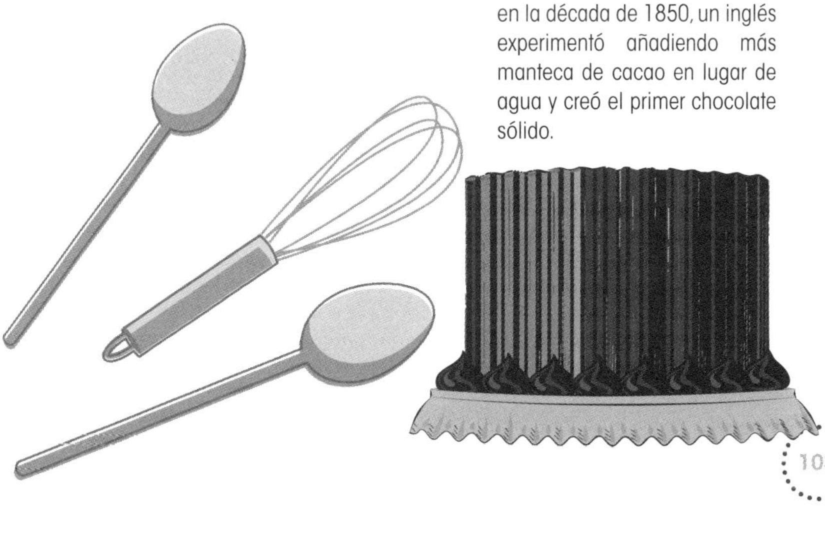

#4 ¡mastica!

Aunque la cultura compite por llamar nuestra atención, la palabra de Dios nos redirige suavemente al lugar de nuestra primera prioridad. Lee **Mateo 6:33** y **Colosenses 3:1–2**, mirando el contexto que rodea a estos pasajes. ¿Qué nos dice el Señor que busquemos primero, y que fijemos nuestras mentes allí? Al leer esas palabras, reflexiona en cómo Dios puede estar redirigiéndote suavemente de maneras específicas. Comparte y debate.

Nuestro Salvador sabía su propósito: el camino hacia nuestra salvación, que el Padre le había puesto por delante, pero esperó pacientemente el momento perfecto de Dios. Muchas veces, Jesús les dijo a sus seguidores que su hora aún no había llegado (ver **Juan 7:6–8**). Con su mente en las cosas celestiales, Jesús sufrió obedientemente en la cruz y ganó la salvación para nosotras en el momento justo.

#5 ¡mastica!

Los pasajes que siguen remiten al tiempo perfecto de Dios para cumplir su plan para nuestra salvación. ¿Qué aprendemos sobre el "debido tiempo" o el "tiempo señalado"? Mira estos pasajes, donde encontrarás descripciones únicas, que nos dicen cuándo, cómo, y para quién.

- Romanos 5:6–8

- Gálatas 4:4–5

- Efesios 1:7–10

El don de Dios de la fe nos permite rendirnos ante él —poner nuestras mentes en las cosas celestiales— y así el deseo de gratificación inmediata se desvanece. Con el poder del Espíritu Santo esperamos pacientemente, anhelando el regreso del Señor Jesucristo para que nos lleve a nuestro hogar celestial. **"Pero nuestra ciudadanía está en los cielos, de donde también esperamos al Salvador, al Señor Jesucristo" (Filipenses 3:20).** ¡Él tiene algo mucho mejor que lo que ofrece este mundo, y la espera vale la pena!

Pan comido

Cuando una amiga dice: "¡Eso fue pan comido!", sabemos que logró algo con facilidad. Esa divertida locución sugiere que lograr algo es tan fácil como comerse un trozo de pan dulce, otra ¡*dulce rendición*!

La expresión se acuñó debido a que no hay alimento más común que el pan en la mesa de los hispanohablantes. Pero curiosamente, su equivalente en inglés ("piece of cake") surgió en la Real Fuerza Aérea en la década de 1930. Se utilizaba para referirse a una misión que se había logrado fácilmente: "pan comido" (seguramente esos pilotos estaban pensando en pan de *chocolate*, ¿no es cierto?).

¿Cuáles son nuestras misiones en la vida? ¿Son todas pan comido? Quizás algunas. Sin embargo, muchas veces quisiéramos que nuestras muchas y arduas tareas, responsabilidades y obligaciones —como trabajar, criar una familia, mantener relaciones interpersonales y muchas otras— fueran un poco más fáciles. ¿No sería maravilloso que lograr todos nuestros objetivos fuera tan fácil como sentarse a saborear una gruesa rebanada de *Torta extravagante de chocolate en tres capas?* (¡Delicioso! Ver Sesión 1).

PRUEBA UN POCO

¿Cuáles son tus misiones en la vida en este momento? ¿Cuáles, si las hay, son pan comido? ¿Qué pasa con las otras?

PRUEBA OTRO POCO

¿Dónde ves ejemplos del deseo y la necesidad de gratificación inmediata en la cultura que te rodea? ¿en ti misma?

#6 ¡mastica!

Dios tiene una misión para nosotras. Explora lo que incluye esa misión cuando leas los siguientes versículos. Anótalos y debatan: ¿Es esa misión pan comido?

- 1 Pedro 1:15

- Lucas 10:27

- Mateo 5:44

- Efesios 4:32

¡Ayayay! Esa misión *no* es pan comido. ¡De hecho, nuestro pecado la hace imposible! Por nuestra cuenta, no podemos ser santas ni justas, ni amar ni perdonar. Es imposible para nosotras salvarnos de nuestros pecados. ¡Pero lo que es imposible para nosotras es posible con Dios! **"Jesús los miró y les dijo: 'Para los hombres, esto es imposible; pero para Dios todo es posible'" (Mateo 19:26).**

¿Ves el hermoso amanecer que Dios acabó de pintar en el horizonte? ¡Eso fue pan comido para él! ¿Mover montañas? Como coser y cantar. ¿La paz en medio del conflicto? ¡Un juego de niños! ¿Dar respuesta a las oraciones? Sí: otro pan comido.

Pero ¿y la misión de enviar a Cristo al Calvario? Seguro que para Dios no fue pan comido enviar a su hijo perfecto para que soportara los repugnantes pecados de todo el mundo en la cruz. ¡Sin embargo, sabemos que todas las cosas son posibles para Dios en su gran misericordia y amor! La misión de Jesús nos salvó del pecado, la muerte, y la condenación eterna. Su misión por nuestra salvación se cumplió a cabalidad, como nos lo asegura la resurrección de Jesús. Al llenarnos de su Espíritu, él nos da la fortaleza y la capacidad para que logremos todas las tareas de nuestra vida que no son pan comido, de la misma manera que las que sí lo son.

#7 ¡mastica!

a. Dios nos ha dado nuestra misión más importante y, por su gracia mediante la fe, sometemos nuestras vidas al Señor para su propósito. Dale un vistazo a **2 Corintios 5:20** y **Gálatas 5:13–14** donde hay ilustraciones de cómo es esa misión (¡nuestro propósito!).

b. Nuestra misión sería imposible por nuestra cuenta. ¡Alabado sea Dios porque no estamos solas! **"Porque Dios es el que produce en ustedes lo mismo el querer como el hacer, por su buena voluntad" (Filipenses 2:13)** *(Bocado para la memoria).* Nuestro Señor no solo obra en nosotras y a través de nosotras, capacitándonos para que cumplamos su misión: ¡hay más! Lee **Efesios 3:20–21**. ¿El poder de quién obra dentro de nosotras? ¿Cuál es nuestro papel? ¿y qué hace Dios con nuestro trabajo misionero?

¡*Una vida de chocolate* es una vida de *dulce rendición*! En todo lo que hacemos, lo reconocemos a él como Señor de nuestras vidas, y él dirige nuestros caminos **(Proverbios 3:6)**. Nos rendimos a su plan y tiempo perfectos mientras esperamos el regreso de Cristo. Rendidas ante él, solo podemos imaginar la increíble misión que nos queda por delante cuando el Espíritu obra en nosotras, cumpliendo con sus planes y propósitos según su perfecta voluntad.

¡Una vida de chocolate es una vida de dulce rendición al Señor!

ORACIÓN

Dulce súplica

Señor, te entrego mis caminos. Obra en mí y mediante mí para que haga tu voluntad, para que cumpla tus propósitos y para tu agrado. ¡Gracias por amarme en mis debilidades, tanto que estuviste dispuesto a morir por mí, dándome la victoria final sobre ellas y dándome la vida eterna contigo! Dame tu poder para que permanezca firme en la fe. Señor Jesús, no veo la hora de que regreses. Mediante tu Espíritu, haz que fije mi mente en las cosas celestiales. Ayúdame a esperar con paciencia tu momento perfecto y tus planes perfectos. ¡Señor, sé que nada es imposible para ti! ¡Dame tu fortaleza para que realice la misión que tienes para mí! Lo pido en el nombre de Jesús. Amén.

⇨ CHOCOACTIVIDAD

Buffet de chocolate "Dulce rendición"

Pídeles a todas las mujeres que asisten a tu estudio bíblico que elijan y horneen una receta de una de las ocho sesiones achocolatadas y reúnelas para un rato de *dulce rendición* (si alguna no es muy experta para hornear, podría llevar muestras de sus chocolates favoritos). Con un surtido abundante de placeres de chocolate, ésta puede ser una excelente ocasión para invitar a otras mujeres o para convertir el buffet en un evento familiar. Ofrece platos, servilletas, tenedores, y bebidas. Etiqueta cada manjar de chocolate y prepárate para compartir una pepita de la verdad de Dios, ya que cada manjar se relaciona con una suntuosa sesión chocolate. Si tienes invitadas, considera enviarlas a casa con un regalo de agradecimiento por asistir. Algunas ideas divertidas para regalar pueden incluir un libro de devociones *Una vida de chocolate* junto con algún elemento relacionado, como una caja de bombones, un paquete de pastillas de chocolate para preparar bebida en una taza, una chocolatina extra grande, un surtido de velas con aroma a chocolate, productos de spa o una canasta de chocolate para pastelería, con recetas e ingredientes.

Brownies cubiertos de chocolate que se derriten en la boca

Estos brownies cubiertos de chocolate no se ven fuera de lo común; su secreto reside en la mezcla líquida, que se hornea rápidamente a alta temperatura. El resultado: ¡una perfección irresistible de chocolate que se derrite en la boca! ¡Es una *dulce rendición*!

- 2 tazas de harina
- 2 tazas de azúcar
- 1 taza (2 barras) de mantequilla
- 1 taza de agua
- ¼ de taza de cacao sin azúcar para pastelería
- ½ taza de leche cortada
- 2 huevos
- 1 cucharadita de bicarbonato de sodio
- 1 cucharadita de vainilla

Precalienta el horno a 400 grados. Engrasa bien un molde de 11 x 17 pulgadas (28 x 43 cm aprox.). Mezcla la harina y el azúcar en un recipiente; reserva. En una cacerola, mezcla la mantequilla, el agua, y el cacao. Lleva a ebullición, revolviendo constantemente; luego vierte sobre la mezcla seca y mezcla bien. Añade la leche cortada, los huevos, el bicarbonato de sodio y la vainilla. Mezcla bien con una batidora de mano y luego vierte en el molde que preparaste. Hornea durante 20 minutos.

Mientras se está horneando, prepara la cubierta:

- ½ taza (1 barra) de mantequilla
- 3 cucharadas de cacao sin azúcar para pastelería
- ¼ de taza de leche
- 3 y ½ tazas de azúcar pulverizada
- 1 cucharadita de vainilla

En una cacerola, combina la mantequilla, el cacao y la leche; lleva a ebullición, revolviendo constantemente. Retira del fuego; incorpora el azúcar pulverizada y la vainilla hasta que la cubierta esté suave. Vierte la cubierta caliente sobre los brownies mientras todavía están calientes.

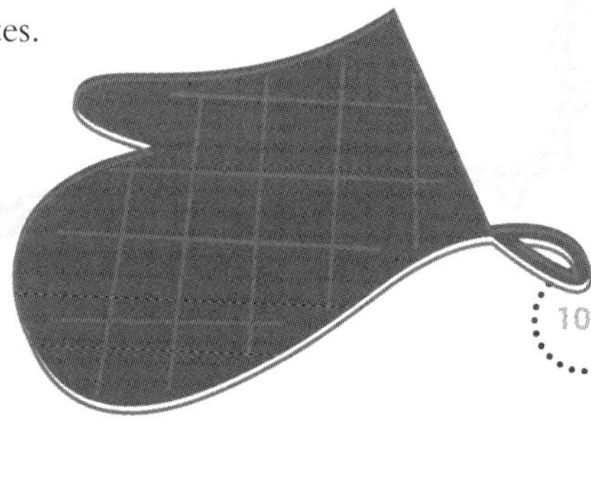

REDONDEANDO

Envueltas en su gracia

¿Estás *viviendo una vida chocolate*? La respuesta es: "¡Sí!, ¡por la *gracia* de Dios!" Aunque se pueden encontrar muchos ingredientes finos que le añadan sabor y textura a la receta de una vida rica en chocolate, todos dependen de un ingrediente vital: *la gracia.* ¡La dulce y extravagante gracia de Dios!

Por su gracia, vivimos *una vida de chocolate* de muchas maneras, como lo hemos estudiado durante las ocho sesiones. Fortalecidas por el Espíritu Santo, vivimos nuestras vidas en alegre respuesta frente a la nueva vida que Dios nos da en Cristo.

Cuando abriste este libro en la Sesión 1, saboreaste en tu imaginación un extravagante manjar de chocolate excepcional, envuelto en papel aluminio. La gracia de Dios no es ninguna extravagancia imaginaria. Es real y es eterna: más grande y más lujosa que una fuente eterna del chocolate más perfecto y suculento. Querida hermana: ¡saborea su gracia salvadora en Cristo!

Dios tiene la última palabra sobre la gracia. ¿Quieres orar conmigo las últimas palabras de la Escritura? **"Que la gracia del Señor Jesucristo sea con todos. Amén" (Apocalipsis 22:21).**

Sesión 1

#1 (Son posibles diferentes explicaciones). Recibimos el perdón de nuestros pecados y la vida eterna mediante el perfecto sacrificio expiatorio de Cristo, por el derramamiento de su sangre y su muerte en la cruz. ¡Él murió para que nosotras vivamos!

a. En el idioma griego original del Nuevo Testamento, la palabra para "redención" (*apolytrosis*) significa literalmente "comprar de nuevo" a un esclavo o cautivo, para liberarlo. La vida de Cristo fue el precio pagado para comprar de nuevo a los pecadores del cautiverio del pecado.

b. "Desbordar" es dar generosamente, en abundancia. Los ejemplos pueden incluir desde rociar caramelo caliente pródigamente sobre el helado de un ser querido hasta que esté totalmente cubierto y el caramelo se salga del plato, hasta darle a alguien un regalo de chocolate extravagante y costoso. La gracia de Dios se desborda sobre nosotras. El versículo habla incluso de las *riquezas* de su gracia. ¡La medida de la misericordia y la gracia de nuestro Salvador es rica, desbordante, y extravagante!

#2 Él es rico en misericordia; nos profesa un gran amor y una gran bondad en Cristo. Él nos muestra las inconmensurables riquezas de su gracia: nos dio vida juntamente con Cristo, aunque estábamos muertas en nuestros pecados, resucitándonos con él y sentándonos con él en los lugares celestiales, asegurándonos un lugar en el cielo con él para toda la eternidad.

#3 La primera información que tuvimos de Saulo fue en **Hechos 7**, en la lapidación de Esteban, el primer mártir cristiano. Saulo no solo estaba presente, sino que también aprobó la lapidación. Asimismo, en **Hechos 26**, Pablo admite que votó en contra de quienes fueron apedreados. Ambas son indicaciones que Saulo era un fariseo (líder religioso judío) con gran autoridad, llevando la carga de enemigo de la cruz de Cristo. Se nos recuerda el alcance de la gracia ilimitada de Dios en que él perdonó y eligió incluso a Saulo, y en que nos perdona y nos elige incluso a ti y a mí.

#4 En el debate habrá diferentes puntos de vista. Cristo le habla a Saulo desde el cielo en una luz cegadora. También le habla en una visión a un discípulo llamado Ananías y le da el mensaje misericordioso de que Saulo (¡entre todas las personas!) es el instrumento que eligió. Aunque asustado, Ananías responde con obediencia y, por el poder de Dios, restaura la vista de Saulo. Inmediatamente, Saulo es bautizado y lleno del Espíritu Santo.

#5 Con humildad él confiesa que es indigno de ser llamado apóstol, porque perseguía a la iglesia; se refiere a él mismo como "el más pequeño de los apóstoles". Él reconoce que es exclusivamente por la gracia de Dios que ha sido elegido para llevarle las buenas noticias al mundo; es la gracia de Dios lo que le permite trabajar como lo hace. Es por su gracia que nosotras también somos elegidas para seguirlo y es la gracia de Dios, que obra por medio del Espíritu Santo, lo que nos permite trabajar como lo hacemos.

#6 *a.* Habrá diferentes respuestas cuando las mujeres compartan sus desolaciones. Otras posibilidades son: preocupación, avaricia, odio, envidia, inmoralidad sexual, idolatría, celos, ira, adicciones.

b. Bien sea que los confieses en voz alta o en silencio, recibe la seguridad de que tus pecados son perdonados. Eres sanada: cubierta por las riquezas de la gracia de Dios en Cristo.

#7 *a.* **"Él mismo llevó en su cuerpo nuestros pecados al madero, para que nosotros, muertos ya al pecado, vivamos para la justicia. Por sus heridas fueron ustedes sanados" (1 Pedro 2:24).**

b. Debido a que Cristo llevó nuestros pecados, muriendo en nuestro lugar ("llevó en su cuerpo nuestros pecados al madero"), como creyentes estamos muertas al pecado y vivimos una nueva vida; somos hechos justas (*justificadas* con Dios) por medio de Cristo por la fe. Aunque, igual que Pablo, luchamos contra el pecado, éste ya no nos tiene cautivas. Somos sanadas. ¡Tenemos victoria y vida eterna en Cristo!

RESPUESTAS A LAS PREGUNTAS DE *¡MASTICA!*

Sesión 2

#1 *a.* Sean amables y misericordiosas; perdónense unas a otras; sean imitadoras de Dios; anden en amor (La adaptación será única para cada persona).

b. Imitar a Dios es vivir una vida rica en chocolate de gracia y amor, perdonando a los pecadores indignos, así como él nos perdonó a nosotras (que también somos pecadoras indignas) por medio de la cruz de Cristo y el camino del amor sacrificial: la clase de amor que Cristo nos da. La palabra griega usada aquí para "camino" (*stoijeo*) significa "estar en línea con" o "mantener el paso de". Como imitadoras, mantenemos el paso de aquel a quien deseamos emular. ¡Podemos hacer esto solo por lo que él hizo por nosotras primero, a través del poder del Espíritu Santo!

#2 Era un aroma agradable al Señor porque él aceptaba el sacrificio, ofrecido a través de los sacerdotes por los pecadores arrepentidos y, mediante éste, concedía el perdón. **Levítico 1:4** explica que el sacrificio **"será aceptado para expiación suya [del pecador]"**, aunque el sacrificio era imperfecto e incompleto, y hacía necesario que se hicieran repetidas ofrendas regulares.

#3 ***a.*** Imagínate un ejército victorioso que proclama el triunfo sobre el enemigo cuando marcha por una ciudad en procesión triunfal. En Cristo tenemos la victoria sobre los máximos enemigos: el pecado, la muerte, y el diablo.

b. La fragante ofrenda del sacrificio de Cristo en la cruz, y la salvación que da como resultado en él, es el núcleo del mensaje que compartimos cuando lo seguimos triunfalmente y su fragancia fluye a través de nosotras. Este mensaje de perdón es un aroma dulce para todos los que creen.

#4 Todas hemos pecado, pero somos justificadas (salvas) de manera gratuita, no por nuestras propias obras, sino por su gracia como regalo mediante la redención de Cristo. Tenemos acceso a su gracia por la fe y nos regocijamos porque tenemos la promesa de la vida eterna; ¡nuestra esperanza está en él! El Espíritu Santo ha sido **"derram[ado] en nosotros abundantemente" (Tito 3:6),** y nos da nueva vida en el Bautismo, un medio por el cual recibimos su gracia (la discusión sobre las oportunidades será diversa).

#5 Revístete de: entrañable misericordia, benignidad, humildad, mansedumbre, paciencia, perdón, y amor (rodeando a los otros elementos con la representación visual de un corazón, ya que éste "une todo en perfecta armonía").

#6 La lista incluye, en parte: contribuir para satisfacer las necesidades de otros creyentes; brindar hospitalidad; bendecir a las personas que te persiguen; llorar con los que lloran; vivir pacíficamente; derrotar el mal con el bien (haz una pausa para hablar acerca de cada una de estas cosas, incluyendo otras que no se mencionan aquí, si el tiempo lo permite. La discusión de oportunidades para compartir la gracia de Dios será diversa).

#7 ***a.*** Nosotras debemos llenar nuestro discurso de elogios y palabras amables. Nuestra conversación debe ser íntegra y nuestras palabras llenas de sabor de gracia cuando hablamos de la verdad en el amor.

b. El discurso sazonado con sal y la conversación sabia no solo agradan a Dios y edifican a los creyentes, sino que también animan los oídos de las otras personas que escuchan, especialmente los de los "no creyentes" a quienes tengamos la oportunidad de impactar para Cristo.

RESPUESTAS A LAS PREGUNTAS DE *¡MASTICA!*

Sesión 3

#1 ***a.*** Éstas no pueden satisfacer nuestra hambre espiritual porque ofrecen *menos* de lo que realmente necesitamos. Cuando usamos las cosas de este mundo para tratar de saciar las necesidades emocionales y espirituales (un agujero que nunca podrían llenar), éstas se vuelven poco saludables. Debido a que son sustitutos inadecuados, nos dejan desnutridas y con deseos de más.

b. La comida es una ilustración que usa Isaías para advertir contra las falsas enseñanzas ("lo que no les sacia"), la búsqueda de ídolos y otras cosas que no pueden satisfacernos espiritualmente. De manera similar, no debemos buscar las cosas de este mundo para tratar de satisfacer nuestras necesidades espirituales, que solo puede satisfacer el Señor. El rico alimento de la palabra de Dios es el medio que satisface nuestra hambre espiritual. Comemos "lo que es bueno" cuando escuchamos y aprendemos de él por obra del Espíritu Santo y cuando recibimos sus dones que dan vida.

#2 ***a.*** Jesús derribó la barrera de la hostilidad entre judíos y samaritanos hablándole a ella, pero, mejor que eso, por solicitud de Dios, llegó a esta mujer con su gracia salvadora y su amor. Le dijo que si supiera quién le estaba pidiendo agua, *ella* estaría pidiéndole *a él.* Y él le dio "agua viva": el don de Dios por el poder del Espíritu Santo. La salvación en Cristo. La vida eterna. Lo único que satisface continuamente y solo Jesús puede dar. Sólo él puede satisfacer completamente.

b. Jesús le reveló que sabía sobre sus cinco maridos anteriores y el hombre con el que estaba viviendo en ese momento. La estaba llevando a reconocer su pecado al tiempo que le revelaba que sabía todo sobre ella. Probablemente, a ella la habían herido y rechazado en repetidas ocasiones cuando buscaba las relaciones no saludables, en un intento infructuoso de satisfacer lo que realmente necesitaba. Entonces, Jesús le reveló que él era el Mesías, el Cristo. Ella conocía las profecías que hablaban de la venida del Mesías, y creía en ellas, y ahora él estaba frente a ella.

c. Ella corrió a donde los habitantes del pueblo y les dijo: **"Vengan a ver a un hombre que me ha dicho todo cuanto he hecho. ¿No será éste el Cristo?" (v 29).** ¡La gente realmente la escuchó y muchos creyeron en Jesús, debido al testimonio de ella (**v 39**)! La gracia de Dios se desborda sobre nosotras. Al igual que la mujer samaritana, nosotras queremos gritarle su salvación al mundo, en respuesta a lo que él ha hecho por nosotras.

#3 *a.* **Salmo 63:1–5; 90:14:** Él satisface a *(tu nombre)* con su misericordia, que es mejor que la vida **(63:3)**. **Salmo 103:1–5** Él perdona todas tus maldades, sana todas tus dolencias y te rescata de la muerte, te colma de favores y de su misericordia. El Señor te sacia con los mejores alimentos para que renueves tus fuerzas, como el águila. **Salmo 145:15–16:** Él provee para todas tus necesidades y satisface tus deseos (La adaptación será individual para cada persona).

b. En respuesta, nos regocijamos; podemos alegrarnos todos los días de nuestra vida. Lo alabamos con nuestra boca y con todo lo que tenemos. Lo buscamos para satisfacer todas nuestras necesidades, porque él nos satisface por completo (Personaliza en oración).

#4 **Jeremías 31:3:** Él *ama* a ________ *(inserta tu nombre)* con amor eterno y siempre le ha prolongado su misericordia a________. **Romanos 8:38–39:** ¡Absolutamente nada puede separar a ________ del amor de Dios en Cristo! **Efesios 3:16–19:** ¡Por el poder de su Espíritu, en ________ Cristo habita en el corazón de ________ por la fe, para que ________pueda tener la fortaleza para comprender cuán grande es el amor de Dios para ________ que excede a todo conocimiento! **1 Juan 4:9–10:** En el amor de Dios por ________, él envió a su Hijo a morir en lugar de________ para que ________ pueda tener vida eterna en él.

#5 *La paz* no es simplemente la "ausencia de guerra", como con frecuencia la define el mundo. Nosotras recibimos la verdadera paz con Dios mediante la fe en Cristo, quien nos reconcilió con el Padre por su obra de salvación en la cruz (**Romanos 5:1**). El alcance del amoroso cuidado de Dios por nosotras, y su provisión de paz, están más allá de nuestra comprensión, pero podemos recurrir a Dios con nuestras peticiones, y él nos llena de paz, guarda nuestros corazones y nuestros pensamientos en Cristo, incluso en medio de las pruebas, cuando de otra manera estaríamos ansiosas, preocupadas o atemorizadas (**Filipenses 4:6–7**).

#6 **2 Corintios 1:3–4:** Cuando somos *consoladas* en nuestras tribulaciones, la fortaleza de Dios nos permite consolar a los demás en las tribulaciones de ellos, con el mismo consuelo que se nos ha dado. *¡¿El chocolate puede hacer todo eso?!* **2 Tesalonicenses 2:16–17:** Él consuela nuestro corazón cuando nos guía en nuestras palabras y nuestro trabajo (Las historias de consuelo, recibido y brindado, serán particulares de cada persona).

#7 *Seguridad:* Él nos rescata y hace que demos pasos seguros. Estamos a salvo bajo el cuidado de nuestra Torre Fuerte. *Fortaleza:* Él nos da fortaleza cuando somos débiles, renovándola cuando esperamos en él. Su poder nos fortalece para que tengamos resistencia y paciencia. *Alegría:* Con la fortaleza de Cristo, podemos aprender a estar alegres en todas las circunstancias, confiando en que él suple todas nuestras necesidades. (Cada persona hará su adaptación individual).

RESPUESTAS A LAS PREGUNTAS DE *¡MASTICA!*

Sesión 4

#1 **Génesis 17:1–8, 15–16:** Dios le promete a Abrahán que establecerá con él un pacto eterno: que Abrahán será el padre de una multitud de naciones, que Dios será su Dios y ellos serán su pueblo elegido. Y comienza por darles el milagro de un hijo en la vejez a Abrahán y su esposa. Esto se cumplió en **21:1–2**. Dios promete darles a los descendientes de Abrahán la tierra de Canaán (que llegará a ser conocida como "la Tierra Prometida"). **Éxodo 3:7–8, 16–17:** Siglos después, Dios le promete a Moisés que liberará a su pueblo del cautiverio en Egipto y lo llevará a esa Tierra Prometida. **Josué 21:43–45:** Josué proclama las promesas cumplidas de Dios, que se han conocido por generaciones y que ahora se cumplen cuando su pueblo ha conquistado la Tierra Prometida por la poderosa mano de Dios (observa las palabras de Josué con relación a *todas* las promesas de Dios en el **v 45**).

#2 Dios le promete a David (**Salmo 89:3–4**) que tendrá un descendiente en el trono para siempre. De manera similar, él habla por medio del profeta Isaías acerca del niño que nacerá del linaje de David, asignando títulos para él (**Isaías 9:6–7**), lo que solo se puede cumplir plenamente en el rey mesiánico que gobernará su reino eternamente con *la justicia y el derecho* (ver **Salmo 89:14**). Él describe en detalle, mediante Isaías, la forma cómo Cristo sufrirá, cargará todos nuestros dolores, nuestras enfermedades y nuestros pecados, y dará su vida por nosotras, muriendo en nuestro lugar e intercediendo por nosotras ante el Padre, dándonos sanación eterna y paz (**Isaías 53:3–6**). Dios predice a través **Jeremías** que cumplirá su promesa de enviar al Mesías, "un renuevo de justicia **(33:15)**", por medio de los descendientes de David, hablando de nuevo de un gobierno de *justicia y derecho.* ¡Solo Jesús, el Hijo de Dios sin pecado, puede proporcionar justicia completa y duradera; él nos declara justas y nos cubre con su justicia a través del perdón en la cruz y la nueva vida en su nombre!

#3 La promesa de Dios a Abrahán llegó por la gracia de Dios mediante la fe y no por la ley. ¡Por fe, *nosotras* somos la descendencia de Abrahán, las destinatarias de la promesa de salvación, escogidas en Cristo! Por fe, Abrahán creyó cuando Dios le prometió que sería el padre de muchas naciones y que él y su esposa tendrían un hijo. (Recordemos **Génesis 17** del #1). Por la misma fe, creemos en Dios, quien resucitó a su hijo, Jesús, de entre los muertos y, por esa fe, tenemos la vida eterna. La justicia se nos tomará en cuenta como justicia, igual que le fue tomada en cuenta a Abrahán.

#4 ¡Clava tus dientes en estos deliciosos versículos que hablan de la creación de Dios y su salvación en Cristo!

#5 *Presencia:* El Señor está siempre contigo y nunca te dejará. *Protección:* Él es tu defensor, fuerza y escudo, en quien puedes refugiarte. Él te protege día y noche de todo mal y peligro. *Provisión:* El Señor conoce tus necesidades y provee ricamente para ti; él es el dador de todo don bueno y perfecto. *Propósito:* Tú fuiste creada en Cristo para realizar la buena obra que él planeó para ti, y te ha equipado y obra en ti para que puedas hacer su voluntad.

#6 Las respuestas serán diversas y pueden incluir: Él está *presente* personalmente en la Palabra y los sacramentos; su mano *protectora* está sobre ti, espiritual y físicamente, en toda situación; te da su *provisión* que está disponible para ti cuando más la necesitas, en todo, desde recursos inesperados hasta un amigo nuevo; su *propósito* se revela cuando se abren las puertas para compartir el amor de Cristo con alguien o para ayudar a alguien que tiene una necesidad.

#7 *a.* El Señor te ha prometido amor y salvación (**Salmo 119:41**), compasión (**v 58**), misericordia y consuelo (**v 76**) como resultado de su amor; él promete que te dará vida (**v 116**), ordenará tus pasos (**v 133**) y te defenderá y te pondrá a salvo (**v 154**).

b. Las promesas concretas que se lleven al Señor en oración serán particulares, según la situación de cada persona.

RESPUESTAS A LAS PREGUNTAS DE *¡MASTICA!*

Sesión 5

#1 *a.* Los atajos directos simplemente no sirven. En nuestro pecado, no podemos amar de manera perfecta, como lo exige su ley (resumen en **Marcos 12:30–31**). Él cumplió la ley de manera perfecta por nosotras, nos ofrece el perdón y obra en nosotras ahora mismo, capacitándonos para dar lo mejor.

b. En **Marcos 12:30–31**, Jesús va al punto de manera poderosa cuando repite y enfatiza "con todo". Esto se refiere a cada parte de nosotras en nuestro amor por el Señor. **Colosenses 3:23–24** nos dice que debemos trabajar de corazón, recordando que cuando nos servimos mutuamente, estamos sirviéndole a Cristo. ¡Nuestra recompensa es nuestra herencia en el cielo: la vida eterna! Saber esto hace la diferencia y nos permite perseverar cuando el trabajo es penoso o difícil, o cuando aquellos a quienes les servimos son injustos o incluso crueles.

#2 **"En ningún otro hay salvación, porque no se ha dado a la humanidad ningún otro nombre bajo el cielo mediante el cual podamos alcanzar la salvación" (Hechos 4:12).** El único camino a la salvación, el único camino hacia el Padre celestial, es la fe en Cristo Jesús, su Hijo.

#3 **Hechos 20:29–30:** Vendrán falsos maestros —lobos rapaces— junto con personas que ya están entre los creyentes y con sus mentiras corromperán el evangelio para arrastrarlos tras de sí. **2 Corintios 11:13–15:** Los engañadores se disfrazarán como apóstoles. Al igual que Satanás, sus siervos también se disfrazan para engañar a la gente. **Gálatas 1:6–9:** Algunos creyentes pervertirán el evangelio de Cristo; ellos quedarán bajo maldición. **2 Pedro 2:1–3:** Los falsos profetas que estén entre ustedes introducirán con disimulo herejías destructivas, que incluso niegan a Cristo como Salvador, y muchos los seguirán; "por causa de ellos se hablará mal del camino de la verdad" (**v 2**). Por su rapacidad, esos falsos maestros harán negocio con la gente.

#4 A diferencia de algunos otros grupos que Pablo visitó, los bereanos recibieron con entusiasmo la Palabra cuando él la compartió; ellos estaban abiertos a escuchar. Ellos pusieron a prueba todo lo que oyeron con base en el Antiguo Testamento, donde se había prometido y profetizado la venida de un Mesías, para asegurarse de que las afirmaciones de Pablo eran verdaderas: que Jesús había cumplido perfectamente las profecías y la promesa de Dios de un Salvador. Después de haber examinado cuidadosamente las Escrituras, **muchos de ellos creyeron** (**v 12**), un testimonio de la verdad del mensaje evangélico de Pablo.

#5 **Salmo 119:9–16:** Al memorizar su Palabra, ésta se "atesora" y nos permite actuar con base en ella (¡Bocados para la memoria!). Al aprender de su Palabra, hablar de ella, deleitarnos en ella y meditar en lo que estudiamos, mantenemos nuestros ojos en sus caminos. Su Espíritu nos permite proteger y vivir nuestras vidas de acuerdo con su Palabra. **Colosenses 3:16:** ¡Su Palabra habita y crece en nosotras cuando enseñamos y nos exhortamos mutuamente en la sabiduría de Dios, cuando la Palabra se dice o se canta con gratitud de corazón!

#6 ***a.*** Quienes confiesan que Jesucristo ha venido en carne tienen en ellos el espíritu de Dios; quienes no confiesan a Jesús no son de Dios y están haciendo la obra del diablo: tienen en ellos "el espíritu del anticristo" (**1 Juan 4:3**).

b. Los hemos vencido por medio de la fe en Cristo. ¡Tenemos victoria en él! Jesús vive en todo aquel que cree y, por su muerte y resurrección, él ha vencido no solo al pecado y a la muerte, sino también al diablo. Nuestro Salvador es incomparablemente más grande y más fuerte que el diablo y que los espíritus malignos que tratan de engañarnos.

#7 ***a.*** Nos preparamos de la misma manera que permanecemos firmes en la única fe verdadera, para no ser engañadas por afirmaciones de imitación: ¡nosotras vamos a la palabra de Dios! No dejes que tu falta de conocimiento de la Biblia impida que des testimonio de tu fe, sino continúa creciendo en la Palabra, confiando en la obra del Espíritu Santo en ti, y por medio de ti, cuando aprendes y cuando lo sustentas ante quien te lo solicite.

b. Con respecto a la primera parte del versículo, ¡nuestro testimonio de Cristo comienza con nuestro propio camino en la fe, con nuestra creencia en Cristo como Señor y Salvador! Lo honramos y lo reconocemos como santo cuando confiamos en él para buscar fortaleza para llevar una vida agradable a Dios, que lo glorifique y le sirva como testimonio a un mundo incrédulo. Con respecto a la última parte del versículo, nuestra respuesta siempre debe darse con amor, aun cuando enfrentemos la oposición de los incrédulos. Escúchalos con respeto y sé amable con ellos, aunque ellos duden o pregunten cuando compartes la verdad con amor.

RESPUESTAS A LAS PREGUNTAS DE *¡MASTICA!*

Sesión 6:

#1 Tu rescatador te ve, escucha tus clamores y está cerca. Él te libera de todas tus angustias y te salva. Tal vez ni hoy ni mañana serás rescatada de ningún problema específico, pero puedes confiar en que él te cuida y te libera. Él ya te ha rescatado y te ha librado de tu mayor problema, al salvarte de tu pecado.

#2 **Deuteronomio 31:8:** En toda circunstancia, él va delante de ti *y* está contigo; ¡nunca te dejará, así que no debes tener miedo! **Salmo 73:23:** Él te sostiene de la mano. **Isaías 43:1:** El creador que te formó te ha redimido; él te llama por tu nombre: ¡eres suya! **Sofonías 3:17:** Él es poderoso para salvarte, y no solo se alegra por ti, sino también te tranquiliza y te calma con su amor.

#3 ***a.*** Dios dice que es "digno de elogio" (**1 Pedro 2:19**) delante de sus ojos —es admirable— el soportar sufrimientos por hacer el bien y permanecer firmes en nuestra fe y honrar a Cristo con nuestras palabras y obras, sin importar las consecuencias. Cristo padeció para salvarnos y, por su gracia, seguimos sus pasos (**v 21**). Aunque nuestros sufrimientos son incomparablemente menores que los de él, nosotras participamos en sus sufrimientos en las dificultades que ponen a prueba nuestra fe, mediante las cuales Dios nos fortalece.

b. Jesús no tomaba represalias, sino que confiaba en que Dios juzga con justicia. Con su fortaleza, podemos amar a nuestros enemigos y orar por quienes nos persiguen (**ver Mateo 5:44**). Podemos *alegrarnos*, pues llegamos a participar en su sufrimiento, porque su gloria se revela a través de nosotras cuando otros reciben las buenas noticias que les damos de Jesús. Somos *bendecidas* cuando nos insultan y nos persiguen porque Dios está con nosotras, fortaleciéndonos con su Espíritu para resistirlo.

#4 **Salmo 57:2:** ¡Tú puedes clamar a Dios, quien cumple su propósito para ti! **Proverbios 19:21:** Aunque tengas muchos planes en mente, el propósito de Dios prevalecerá. **Isaías 55:8–9:** Sus caminos y sus pensamientos son diferentes y mejores (más altos) que los tuyos. **Jeremías 29:11:** Él conoce los planes que tiene para ti, para tu bien y no para tu mal, para que tengas un futuro y una esperanza (permite que esas verdades te guíen en la oración).

#5 ***a.*** Podemos responder con alegría, confiando en que Dios está produciendo mucho a través de los problemas, usándolos para nuestro bien y para su propósito. Las cualidades semejantes a Cristo incluyen: resistencia, carácter, esperanza, constancia, perfección, y perseverancia. Recuerda una prueba pasada o actual y narra qué tuviste que *soportar* para superarla, reconociendo que fue la fortaleza de Dios lo que hizo que la vencieras, bien lo supieras o no en ese momento. Reflexiona en el *carácter* que se desarrolló en ti con el tiempo y la *esperanza* resultante que has recibido de él, incluso si la prueba continúa actualmente (las respuestas específicas serán tan particulares como cada persona).

b. **Romanos 5:5:** ¡Por la obra del Espíritu Santo en nuestra vida, nuestra esperanza de vida eterna en Cristo es segura y cierta! **Santiago 1:2–4:** La "paciencia" se refiere a la constancia que adquirimos mediante nuestras pruebas, la cual conduce a la "perfección", que se refiere a la plena madurez de nuestra fe, para que estemos "completas" con una fe fuerte, y seguras de nuestra salvación y de la promesa del cielo: el lugar de la perfección.

#6 **Romanos 8:28** nos dice que nosotras, las que amamos a Dios (¡en respuesta a su gran amor por nosotras!) estamos llamadas a vivir y a servir para su propósito, y confiamos en que él dispone todas las cosas (las buenas, las malas, y las amargas) para *bien*. Cuando compartas esta verdad desde el corazón con alguien que está sufriendo o luchando, también puedes hablar sobre tu experiencia, cuando se aplique a esa persona, compartiendo con honestidad y vulnerabilidad cómo crees que el Señor la ha usado, o la usará, para tu bien o para el bien de los demás.

#7 El Señor habla desde su trono, diciéndonos que estaremos con él en su presencia inmediata para siempre. Él enjugará todas nuestras lágrimas y no habrá más muerte, llanto ni dolor. Cuando miramos todas nuestras circunstancias a la luz de una eternidad perfecta con nuestro Salvador en el cielo, incluso la prueba más difícil se pone en perspectiva. Esta prueba es temporal; el cielo es eterno.

RESPUESTAS A LAS PREGUNTAS DE *¡MASTICA!*

Sesión 7

#1 *a.* Su papel, cuando enseñan y predican la palabra pura de Dios, es preparar a todos los creyentes para la obra del ministerio, para edificar el cuerpo de Cristo. El propósito es llevarlos a todos a la unidad de la fe y a madurar en el conocimiento de Cristo, para que no seamos engañadas ni nos descarriemos por enseñanzas o doctrinas falsas (ver también Sesión 5). Cuando crecemos en la fe a través de la Palabra, el Espíritu Santo obra a través de nosotras, capacitándonos para compartir el amor de Dios en Cristo por medio de nuestras palabras y acciones en nuestras vocaciones (en todas las áreas de nuestra vida, sea cual sea nuestra vocación y carrera).

b. Crecemos en Cristo cuando crecemos en la Palabra, proclamada y enseñada en la verdad y la pureza de la doctrina, y cuando trabajamos juntas en unidad como un solo cuerpo, donde Cristo es la cabeza. ¡Llenas con su verdad y usando los dones que Dios nos ha dado, todo el cuerpo de Cristo crece y se edifica en amor, cuando él obra a través de nosotras!

#2 Los dos dones mencionados implican *hablar* y *servir:* el uso de nuestras palabras y acciones. ¡El uso de los muchos y diversos dones de Dios para beneficiar a los demás incluyen unas, las otras o ambas! Cuando hablamos palabras de Dios (**1 Pedro 4:11**), estamos compartiendo su verdad con un discurso que es guiado por las Escrituras. Cuando servimos, estamos confiando en la fortaleza de Dios. Dios es glorificado por medio de Cristo en nuestras palabras *y* acciones.

#3 Existen *variedades* —diferentes clases— de dones espirituales, diferentes maneras de servir y diferentes actividades y trabajos que se deben realizar. Pero el *mismo* Espíritu produce cada uno de nuestros dones. El *mismo* Señor obra para su propósito a través de cada acción de servicio. El *mismo* Dios nos fortalece para usar cada don que nos ha dado. La gran variedad de dones espirituales incluye aquellos que únicamente son compartidos a través de ti (tu combinación de dones y oportunidades es *diferente* a la de los demás), ¡aunque todos están unidos por el *mismo* Dios que los da todos! (cada persona tendrá su combinación individual).

#4 **Versículos 15–16, 19–20, 25**

#5 ***a.*** El dar con alegría fluye de un corazón dispuesto y deseoso de compartir. Cuando crecemos en la fe mediante el poder del Espíritu Santo, nuestros deseos empiezan a cambiar. Aunque antes quizá guardábamos los tesoros que poseemos, llegamos a darnos cuenta de que todos vienen de la mano del Señor (**Santiago 1:17**), y dejamos de almacenarlos. Él nos da la capacidad y el deseo de dar con alegría los buenos dones de nuestros tesoros, sin importar su forma.

b. La palabra "toda" habla de la completa y perfecta provisión de Dios. El Señor nos bendice ricamente con una medida rebosante de su gracia, llenándonos de *todo* lo que necesitamos, incluyendo el deseo y la capacidad de dar generosamente, para que en *todo* lo que hagamos en *todo* tiempo, podamos desbordar ("¡abundar!") en *todas* nuestras buenas obras, realizadas en su nombre y por su fortaleza obrando en nosotras.

#6 Estos versículos nos animan, incluso nos exhortan, a "aprovechar bien el tiempo". Hacemos uso del precioso tiempo que se nos da cuando lo utilizamos conscientemente en el trabajo, en el entretenimiento y en cada área de nuestra vida por otras personas. ¡Podemos pedir la dirección de Dios en toda relación, interacción, y oportunidad, ya que podemos ser guiadas a escuchar, ayudar, atender, perdonar, enseñar, animar, compartir, y mostrar nuestra fe!

#7 ***a.*** Profecía, servicio, enseñanza, exhortación/ánimo, repartir, presidir, brindar ayuda.

b. Las respuestas y las ideas serán diversas. Anímense y ayúdense mutuamente cuando hablen de los dones y específicamente dónde y cómo pueden ser llamadas a usarlos para su propósito y su gloria.

Sesión 8

#1 Se nos advierte que debemos ser prudentes (controlarnos) y vigilantes, estar listas para el regreso de Cristo. Satanás, representado aquí como un león rugiente, intenta abalanzarse sobre los cristianos y devorarlos. Él quiere hacernos daño de cualquier manera posible y muchas veces nos desgasta, aprovechándose de nuestras debilidades o intentado apartar nuestros ojos del Señor. Nosotras resistimos al diablo por el poder de Dios que obra a través de la Palabra, que fortalece nuestra fe y nos prepara para enfrentar la tentación. ¡Permanecemos **firmes en nuestra fe** (**1 Pedro 5:9**), la cual Dios nos otorga de manera gratuita!

#2 La *vieja naturaleza* tiene un entendimiento entenebrecido, enajenada de Dios, ignorante, dura de corazón, insensible, dada al libertinaje, codiciosa, impura, corrupta, y engañosa. La *vieja naturaleza* miente, peca con la ira (que le da un punto de apoyo al diablo), roba, dice palabras obscenas y entristece al Espíritu Santo (niega a Dios, rechaza la fe). La vieja naturaleza está llena de amargura, ira, enojo, griterías, calumnia, y maldad. La *nueva naturaleza* es creada a semejanza de Dios: justa y santa. La nueva naturaleza dice la verdad, trabaja honestamente para compartir con los necesitados y dice palabras llenas de gracia que son apropiadas para cada ocasión: palabras que edifican a los demás. La nueva naturaleza es buena, misericordiosa y perdona.

#3 Su gracia es suficiente para cubrirnos en nuestra debilidad. Aunque el poder de Dios ya es perfecto, se hace más obvio y evidente en nuestra debilidad cuando humildemente admitimos que necesitamos su fortaleza y nos sometemos a él, para que **el poder de Cristo repose en nosotras** (**2 Corintios 12:9**). Sabemos que cuando le entregamos todas nuestras debilidades a él, no solo nos cubre con su gracia, sino que incluso podemos estar contentas en nuestras dificultades, confiando en que su poder es lo que nos fortalece para superarlas.

#4 Somos llamadas a buscar primero el reino de Dios y fijar nuestras mentes en las cosas de arriba (cosas celestiales). Quizá el Señor te esté redirigiendo con suavidad, si te has preocupado principalmente por los deseos materiales de este mundo, las preocupaciones económicas y la provisión y el anhelo de placeres terrenales que hayas colocado por delante de tu relación con el Señor. Ríndete ante el Señor, ante su plan, su voluntad, y su tiempo (los aportes serán diferentes).

#5 **Romanos 5:6–8:** En el momento perfecto de Dios, él envió a su Hijo a morir por nosotras, aunque éramos débiles pecadoras. **Gálatas 4:4–5:** Él vino a nosotras, cien por ciento Dios (el hijo de Dios) y cien por ciento hombre (nacido de una mujer), para que por su sacrificio perfecto (el cumplimiento de la ley), nosotras pudiéramos ser adoptadas por Dios como sus hijas. **Efesios 1:7–10:** En la plenitud del tiempo, el propósito de Dios de redimirnos y reconciliarnos con él se reveló en Cristo (¡la respuesta al misterio!), el cumplimiento de todas las profecías mesiánicas.

#6 **1 Pedro 1:15:** Él nos ha llamado a ser santas y justas delante de él. **Lucas 10:27:** Debemos amarlo con todo nuestro ser y amar a los demás como a nosotras mismas. **Mateo 5:44:** Debemos amar a nuestros enemigos. **Efesios 4:32:** Debemos perdonar a los demás como él nos ha perdonado.

#7 ***a.*** ¡Nuestra máxima misión, nuestro propósito, es difundir las buenas noticias de Cristo y servir a los demás con amor! Como se define en estos versículos, tenemos el humilde privilegio de representar a Jesús cuando Dios habla a través de nosotras, instando a quienes están perdidos a arrepentirse de sus pecados y a reconciliarse con él en Cristo Jesús (**2 Corintios 5:20**). Habiendo recibido el perdón de Cristo y siendo libres de la esclavitud del pecado, podemos servir y amar a nuestro prójimo (**Gálatas 5:13–14**).

b. ¡Guiadas por el poder del Espíritu Santo, confiamos y obedecemos al Señor, cumpliendo la misión para la que él nos ha llamado, y él la utiliza para mucho más! ¡*Por medio* de nosotras, él puede hacer mucho más de lo que pedimos o entendemos (**Efesios 3:20**)!